巴黎啊，
你為什麼叫巴黎？

Paris, je te parie

法國食尚作家里維帶你漫步巴黎，

從塞納河、香榭大道、羅浮宮，到西堤島、蒙馬特、拱廊街、杜勒麗花園，

以法式幽默訴說40 個你所知道與不知道的巴黎

作者　里維

巴黎最早的甜點 stohrer 1730 年就有了

獻給住過、去過、聽過巴黎的人

Paris, je te parie
Contents

目　錄

PART 1
你看不到的巴黎

這張照片是火災前拍的巴黎聖母院更顯珍貴

以前最愛來春天百貨頂樓的 cafe Flo 喝咖啡了

Paris, je te parie
Contents

目 錄

PART 2
翻開巴黎地圖講故事

自序

　　回臺灣這些年，每每遇到個新朋友，總會聽到「能夠去巴黎住過，真好！」這樣的話。可是，住在巴黎真的很好嗎？ 每個人感受跟際遇不同，也會產生很不一樣的感覺跟回憶。

每當我的思緒走到這裡，就覺得我是幸運的。因為，在巴黎生活的日子裡，我所遇到的法國人，或是小時候就移民到法國的朋友，都對我很友善，而且都是他們主動接近我。我也不知道為什麼？也許正因為他們的友善對待，我才能在這裡跟大家說說我在巴黎的美好日子。

其實，巴黎就像紐約、東京、倫敦或臺北等任何國際大都會一樣，滋養著許多異國或外地來的人，大家都在這座城市裡找到屬於自己的角落。只是它最特別的是，「如果你想在巴黎生活，最好還是學會講法語parle le français。」

不然，你的生活裡，除了寂寞還是孤單。
活在愛表達意見的法國人社會裡，
除非你天生就不跟人互動也不會死，
不然你一定會悶死。

說到這裡，大家就能理解疫情嚴峻期間，要法國人停止所有群聚社交活動，是有多麼要他們的命的一種禁令。誠如我在以前的著作裡，就不斷的跟大家分享「巴黎日常」——幾乎都是「三天一小趴、五天一大趴」的生活邏輯。

可見這一兩年，法國人的生活感受有多麼痛苦！現在好不容易可以不用再戴口罩了，你就休想要教他們再戴回去！這就是法國人！不到緊要關

頭，休想再用口罩遮住我的美，男女皆是！

「活在美的國度！」正是法國人前世約定好來當法國人的人生守則。就算你在街頭看到某個熟女頭上別著鯊魚夾，她也要姿態曼妙優雅的別出老娘最美的樣子！

話說回來，在巴黎街頭很難不變美，每個人上街，都宛如走入人生競技場，雖不見得會用多奢華的名牌包跟服飾搭配，就算只是買了當季打折的衣服、包包、鞋子，也是要搞出最有特色跟品味的樣貌登場。這就是巴黎街頭大家心照不宣的上街邏輯。

生活裡所有美的巧思每天都在上演。
所以你是不是在地人，
其實很容易被一眼瞧見！

來自世界各地的觀光客們是不會知道這座城市有著如遊戲規則般的街頭邏輯。也正因如此，當你對巴黎興起無限浪漫幻想的同時，這些早對巴黎街頭熟門熟路的扒手或竊盜集團就已經把你鎖定為他們心中最肥美的羔羊，然後趁你東張西望時，偷個你措手不及。

如果你懂得這些生活法則，就算久久回去一次，他們也不認為你是頭一回來的觀光客。像我這種回臺灣都還是會穿戴像個法國人（習慣戴條圍巾

在脖子上保暖的那種），然後走路也很快的往目的地前進，不會東張西望，活脫脫像個本地人。連我去義大利羅馬、米蘭時也被認為是本地人，歐洲人習慣走路，腳程也快，可以馬上融入了他們社會。

在臺灣的出版品裡，有很多人聊法國、聊巴黎，可是鮮少聊到當你一個人到巴黎去的時候，可能會遇到的生活問題。不管是法國或巴黎歷史文化建築藝術等等資訊，大家在網上可以查到一堆。而我想撰寫的巴黎，是我自己在巴黎生活的經驗及跟法國人相處的記憶。裡頭包括我回臺灣後，在法語教學上，學生反映給我的文化差異問題。

在這本書中，我想跟大家分享我所知道的巴黎，還有我的巴黎生活，也希望對巴黎充滿浪漫幻想的你或是打算去巴黎追逐夢想的你，多一點對法國人的認知與理解，讓你將來的巴黎夢能夠更完美落地，秒接軌。期待這本在臺北無數個深夜所撰寫的巴黎回憶錄，可以讓更多人對巴黎這樣的夢想城市有更深一層的認識。

Buci 布希市場街永遠很多遊客

你看不到
的巴黎

Paris, je te parie
PART 1

Place Louis Lépine 西堤島

Paris pourquoi Paris

巴黎啊！你為什麼叫巴黎？

　　古羅馬時期，一群生活在巴黎西堤島的居民叫作巴黎西parisii人。在那個時代巴黎西堤島附近還有競技場跟商場。現在的貝西村Bercy Village以前是塞納河畔的碼頭，許多從外地運送葡萄酒到巴黎的船，都會在貝西村下貨。

（這樣的歷史，讓我想起了臺北萬華區取名叫艋舺「manga」的過去歷史，也是原住民的貨物透過獨木舟「bangka」運送物資到這地區做貿易為原由。）

這些歷史資料，大家可以從網路上或維基百科上查得到。這些年，巴黎政府也積極的讓貝西村轉型成專業的品酒中心，以便與過往的歷史連結，並扮演起推動巴黎觀光的角色之一。這樣推動觀光的行銷思維，其實東西方皆如此。

但我想讓大家知道巴黎的歷史，是一開始從依傍塞納河而居且被稱為巴黎西人的那個時代。據說，西堤島旁以前還有很多散落的小島，你現在根本就看不出來過去的地表樣貌。我在離開巴黎前，買了一本關於餐桌與美食歷史的圖文書《Images de Paris, du Moyen Age à nos jours》裡面的巴黎樣貌，確實跟現在的樣子根本就是兩回事。

從中世紀前一直到14世紀，法國國王們其實都是住在西堤島上的西堤宮Palais de la Cité，那裡才是巴黎最古老的皇城區。現在這區塊就剩下司法院le palais de justice de Paris、關犯人的古監獄La Conciergerie及聖徒禮拜堂Saint-Chapelle等歷史古蹟。

14世紀後移居到羅浮宮的法國國王們，感覺上他們就對「住在巴黎」這件事就還好，畢竟他們還可以去住在巴黎東南邊巴比松Barbizon的楓丹白露宮以及路易十四耗盡國家財力也要把它弄得金碧輝煌的凡爾賽宮，最遠還可以住到法國中部的羅亞爾河城堡區啊！

　　以前，皇室加冕典禮還要跑到大老遠的香檳區漢斯大教堂（Cathédrale Notre-Dame de Reims）由大主教加冕。巴黎，嚴格說起來，也只是國王辦公開會吵架與爭權謀殺篡位，或者是不小心被某些異教徒刺殺的地方。真正接待外賓，還是會選在郊外的城堡，如楓丹白露或是凡爾賽宮。

　　如果你親臨這些身處巴黎郊外的華麗宮殿以及其身旁的大森林，你就會了解，當然要選在這些地方，畢竟想在戶外辦趴就必須有絕大的園林美景作為場地，而且可以一起四處趴趴走跟打獵，這也是以前法國國王們的喜好，所以這些國王們，除了居住的皇宮外，還到處蓋了一堆狩獵行宮，（凡爾賽宮的前身就是法王路易十三的狩獵行宮）讓他們可以隨處奔波跟停宿。

　　我以前住在巴黎13區地鐵6號線上的騎士站Chevaleret，貝西村其實就在我隔壁，用走的就可以到的地方。而我之前根本也沒好好研究它的歷

史，所以也沒注意到它原來是巴黎上下葡萄酒的貨運碼頭，以前只是好奇它那邊似乎存在著很多廢棄的倉庫，現在都轉身變成一個個販售中心，跟臺北華山文創園區的轉變很像。

貝西村旁有個奧林匹克會議中心，有一年，國際巨星席琳狄翁Céline Dion來巴黎開唱，演場會就辦在這裡，我有去聽，很震撼。也是我朋友在香榭大道上的法雅客FNAC書店裡被某年輕法國富人搭訕後，那法國男子說他有很多張票，可以帶我們去聽，那是我第一次搭敞篷法拉利車在香榭大道上奔馳，沿途當然受到眾多路人豔羨的目光，一路車開到貝西村；這是我頭一次也是最後一次，感受到巴黎富人，無聊到只剩錢的日常。

貝西村旁還有座紀念法國密特朗總統的國家圖書館la bibliothèque de la France，那宛如四本打開的書一般的大樓就矗立在塞納河畔轉彎處。附近還有個紀念戰爭的Gare d'Paris-Austerlitz奧斯特利茲車站，再過去就是巴黎第6區的植物園跟自然歷史博物館了。

你說巴黎很大，確實很大。但，人住在巴黎，會去的地方，也就只是那些市中心的景點或跟朋友約見的地點。所以，我每一次回巴黎，都還是習慣住在13區。每天睡到自然醒，梳洗後出門，往塞納

河的方向走，就會先跨入第5區，也就是我們常說的拉丁區。

然後從拉丁區的聖米歇爾廣場，跨過塞納河就會到羅浮宮，進入屬於第1區，完全巴黎市中心的地界。幾個知名景點，如香榭大道、協和廣場、市政廳等都是沿著以羅浮宮底下的地鐵1號線往東西方延伸。

我幾乎都是省下地鐵票的錢，慢慢逛、慢慢走，完完全全以優閒的心情來體會巴黎街道的風情。

寫到這裡，我的思緒突然被拉回到某一年的12月冬天。我送我法國朋友們去搭地鐵。回家的路上，瞬間結凍的空氣中，飄起了雪白的毛絮，輕輕落下的是，寧靜的雪。後來愈下愈大，在強風中變成打在臉上會痛的大風雪。

巴黎就是這樣，很突然，天氣也是，總是千變萬化，有如人生，不知道下一秒會發生什麼？可是每次回去，又覺得它似乎都沒什麼改變，永遠那麼讓人心動。當然，對我們住過那邊的人來說，其實已經物是人非了。

Pont au Change 兌換橋旁的塞納河風光

巴黎人根本不愛住巴黎

怎麼說呢？我住在巴黎那幾年，其實根本沒有認識到任何一個土生土長的巴黎人！連樓下的老奶奶都不是。

我的房東是土生土長的巴黎人，但她已經搬離開巴黎了，獨自在巴黎郊外養病，我從來沒見過她，只有跟她書信往來，房租也是寄支票給她。跟

她也算是好緣分，從我搬進去住到她離世的那些年，我們完全沒見過面，我可說是她最後的房客，但也只跟她通過幾次電話。

有一年夏天在南法艾克斯普羅旺斯Aix en Provence遇到瑪莉喬Marie-Joe她也是從巴黎搬去南法的人。她喜歡南法的風情與人情，這點我那位去南法念書的臺灣朋友可就不這麼認為，她覺得，巴黎人似乎看似冷漠，只要他當你是朋友，那就是一輩子，南法的人就不盡然，看似非常熱情，其實就很表面。

對我來說，都是新鮮。

因為在巴黎，不會有人像我朋友的南法房東，會到下午就喊大家來他家的院子裡喝apéro（法國人習慣的下午開胃酒），我也是在他家院子看到新鮮成熟的金黃黃的杏桃abricot，體會現摘現吃的酸甜滋味。

我們在臺灣，因為健康養生的觀念，大家都會多鼓勵別人喝水。在法國，他們一早就開喝，從早喝到晚，吃飯也喝，下午茶也喝，喝酒比喝水便宜。的確，在法國喝水也很養生，因為法國的水，去過的人都知道，滿貴的。你如果在一般的咖啡吧點一瓶礦泉水，那鐵定比喝一杯葡萄酒還貴，畢竟那些什麼Badoit、Volvic、Evian等等的礦泉水，都是

源自水源保護區的水,有的甚至當地都是什麼貴森森的水療中心所使用的水,當然就要價不菲了。

最後一個,回臺灣我才認識的法國男孩Michaël,他是某間知名可頌專賣店的麵包主廚boulanger。他說他也是土生土長的巴黎人,從成年便開始在亞洲各國遊歷工作,一點都不喜歡留在巴黎。

他的理由是巴黎觀光客太多太吵,很不法國。
但我問他說,那亞洲就不吵嗎?
他覺得亞洲很有活力,而且新鮮。
會認識他,是因為他跟著法國朋友一起來
跟我學中文。

我覺得,他跟我所認識過的法國男孩很像。就是很有「同溫層」的討舒適自在的個性,這點亞洲人也多半是。他只喜歡跟同是法國人混,不太想面對陌生人。可是,你一定會想,他都自己獨立闖蕩亞洲多年了,怎麼還是這樣呢?這正是我想說的,臺灣人如此,法國人也是。

這是很詭異的人性與生活邏輯!
離開自己生長的地方,去一個不太講自己國家
母語的地方闖蕩,在他鄉遇同胞後,選擇
熟悉的語言溝通方式,繼續在陌生的人事物中
生活,很像看外國電影從中文字幕中了解

電影的感覺，還是不如透過電影原音中
了解的趣味深厚。

舉一個我自己的親身經歷，回臺灣時，有次我
朋友找我去看盧貝松導演拍的《終極殺陣Taxi》，
雖然當時電影院裡的觀眾也是透過中文字幕笑聲
不斷，但對聽得懂法語俚語的我來說，笑點自然比
其他人多上更多。就像我在美國長大的小阿姨跟我
說，他們看電影《驚聲尖笑Scary Movie》時笑到
東倒西歪，笑點比恐怖氣氛實在多出太多了。

這些笑點就是從生活中培養出來的。

只要是人，出國後總會有種對異地產生一種不
安的陌生感，那也許也是人性中最愛的未知與冒
險，樂趣與回憶往往也來自這些經歷的過程。有些
人對異地的適應，僅止於對異國食物的嘗試；有些
人會全盤融入異地的生活，會跟當地的朋友出去聊
天喝酒；有些人則是完全當自己是當地人，透過與
當地人互動，加強與當地人事物的連結關係。

巴黎人不愛住巴黎，但每年全球觀光客拚命
往巴黎衝。外地人無論出身如何，只要能在巴黎落
地生根活下來，最後也會變成新一代的巴黎人。環
境不變，改變的是住在裡面的人，流經巴黎的塞納
河，看過多少世代更替、時代轉變，對我這種二十
世紀末待過巴黎的人來說，也都從每次回巴黎的
經驗中察覺這座城市居民的演變！

唯一不變的真理是，「巴黎人不愛住巴黎！」

好像被法國詩人作家波特萊爾（Charles Pierre Baudelaire）在《巴黎的憂鬱》（le spleen de paris）一書的〈異鄉人 l'étranger〉篇章中下詛咒；更彷彿是被米蘭昆德拉（Milan Kundera）說中了「la vie est ailleur 生活永遠在他方」一般。

天生習慣也喜歡反骨的法國人，甚至是巴黎人，總覺得巴黎這座他們所出生的城市「太過招搖」，而且人一輩子為何不能選擇自己喜歡的地方去生活？就把招搖的城市，留給喜歡高調生活的那一群人吧！

回到我這住過巴黎的人來說，巴黎，確實會給人一種住在裡面很驕傲的錯覺！因為它的美，它的藝文資訊豐富，因為它的城市建築獨特，也因為很多崇拜它的人，相對的，會對這樣住在裡面的人心生羨慕。

比如，住巴黎以外的法國人，也許一輩子進羅浮宮的次數，都沒有我們住在巴黎的人多。或是，住在南法的朋友，就會非常非常羨慕我們有那麼多藝文活動可以觀賞等等。

巴黎，被土生土長的人討厭，被外地人喜歡，被不了解的人怨懟，被了解的人喜愛，並放入一輩子的收藏，並告訴別人有好，如我這樣的人。

巴黎花都美譽的背後需要不少花費

住久了也會讓你驕傲的城市

　　巴黎消費貴，居大不易，但為何還是很多人一輩子最想造訪的城市？我旁邊很多人的蜜月旅行，都把「巴黎」當首選。原因多半是因為，巴黎感覺上很浪漫、很美，好像光在塞納河畔，就可以拍一堆美美的照片。但殊不知，觀光客多到，在巴黎要拍個情境照都要等上半天。

特別是旅遊旺季的夏天，旅費貴而且旅遊品質也不是很理想。而且，有時天氣又熱辣到讓人只想躲在有冷氣的博物館或咖啡館，根本也不想到處趴趴走。

這樣說來，哪些季節才是能在巴黎好好遊歷的日子呢？根據我住在巴黎的多年經驗，五月份才是遊玩巴黎最好的月份。除非，你是有目的性的想去看某些展覽或是學習課程，必須讓你選擇其他月份造訪巴黎。

對我來說，因為五月份是最不冷不熱的季節。剛完全告別冷冷的冬天與春寒料峭的三四月天不久，而且還沒有進入炎熱的夏天，有初夏微涼的感覺。並且此時的巴黎最像花都，百花盛開，玫瑰花隨處可見，連路上迎來的微風，都是椴樹花香及其他各種花香。

一定會有人很好奇，我這篇文字的標題為何要叫「讓人住久了會驕傲的城市」？我要從一個城市給人的印象來講。

放眼世界各大城市，比如東京、紐約、倫敦、柏林、羅馬等，你都可以講出這座城市最讓人印象深刻的地方。而我想告訴你的是，巴黎最讓人印象深刻的，除了美之外，就是一種自信的驕傲。

也許有人曾經很抽象的告訴你說，當你去巴黎旅行時，請記得帶回巴黎的空氣！為何要帶回巴黎的空氣？對住過巴黎的人來說，巴黎最珍貴的，真的是那股在城市裡自然流動、崇尚自由的空氣。

所以，請不要再嫌巴黎的物價高。畢竟，俗話說的好，所謂「自由價更高」正是如此。

而且想維持城市的美好，真的很不容易！特別是要面對這群崇尚自由的巴黎市民們。以前我住巴黎的日子裡，經常在大清早就看到很多辛勤的清潔人員在打掃市容、在吸取路上的狗大便。這麼崇尚自由的城市，要認真維持它的美好，到底得花多少市民的稅金呢？大家真的可以好好想想。

更何況，除了維持市容乾淨整潔要花錢以外，巴黎隨處隨季節改種的那些美麗花卉跟照顧更需要大筆經費。所以，巴黎贏得花都美譽的背後，可是花了不少的稅金。

所以，在巴黎的生活，有時候不用額外花什麼錢，就可以完全享受美好的風景與宜人的花香。

如果你剛好也跟我一樣，喜歡研究世界上各城市的歷史，你就會發現，巴黎對藝術文化及跟歷史的維護有多麼不遺餘力！除了各種大大小小的博物館外，還有名人們住過巴黎的居所介紹，某些代表性歷史建築的過往，甚至是某個區塊的歷史。

比如，有次我不經意在瑪黑區的某處，發現了一小段的圍牆，竟可以追溯到西元九世紀的歷史。不得不佩服，巴黎各處無不是歷史。

正因為城市裡有滿滿的歷史，所以你經常會有穿越時空的錯覺。如瑪黑區的某些巷道路燈，讓人有回到17世紀法王路易十三時代的感覺。也正因為居住的時間久了，你會知道愈來愈多關於這座城市的歷史而深深愛上他，甚至覺得住在這裡很驕傲。畢竟，這曾經也是很多法國皇室們鍾愛且住過的城市。

因為我是外地人，在到處閒晃時，經常被路上的巴黎老太太叫住，她很好心，想主動跟我介紹巴黎第六區的歷史。我相信她也是因為住久了，深愛這座城市，且願意花自己的時間精力來告訴我這一區的美好。

我每天上學會經過國際名人或貴氣觀光客必訪的花神咖啡，就算只是經過沒花錢進去喝杯咖啡，也會覺得這一區真的很好。因為我住在這座城市，這整座城市給你的驕傲感，實則是源自她的豐富與美好，也是當你開始決定待下來時所開始產生的生活體驗累積。

好好體驗巴黎，你自然會抬頭挺胸走在路上，像走在時裝伸展臺那樣！那是一種把自己融入巴黎街頭場景的驕傲。

塞納河風光永遠看不膩

老是有路人想告訴你巴黎歷史

　　巴黎歷史到底有什麼好講的？怎麼那麼多人要跟你講巴黎歷史？但有個先決條件，就是你要能聽得懂法語！但法語又不是每個觀光客都會學的。

　　遊歐洲確實很麻煩的地方，就是語言不通。像我去德國自助行，還要仰賴英語很好的德國人，去到西班牙、葡萄牙跟義大利，那就是當啞巴跟聾子

亂亂走，往往一杯早餐的咖啡就要比手畫腳半天，甚至偶爾還會點錯，如果點錯了，就只好將錯就錯啦！

法國人想維護自己的語言與文化，這想法無可厚非，但隨便抓個路人就要他去聽你講一堆巴黎歷史，就算是他願意聽，也要他能聽得懂法語啊。

其實巴黎最吸引人的，就是「膚淺」的美麗！而且這些美麗都是跨學問！已經超越了歷史與科學。連我媽那種學歷只有小學畢業卻超有美感的女子也都能為巴黎的美而傾倒！

19世紀中葉，對巴黎市容來說，是個很重要的年代。我們會在巴黎的街道名稱上認識奧斯曼大道Boulevard Haussmann，貫穿巴黎第八區跟第九區。就是巴黎春天百貨跟拉法葉百貨前面的那一條大道。是為了紀念法王拿破崙三世時的塞納省長奧斯曼Haussmann，當時他推動了大規模的巴黎城市改造，讓巴黎呈現現在獨特的城市建築風貌。

巴黎的建築承載著歷史，常常在米白與藍灰色的屋頂建築旁，偶爾出現某個遙遠的年代保留下來的建築，整座城市因為建築造型間的包容而美。新藝術風格建築如Hector Guimard或是像龐畢度中心那樣的建築在旁邊也都不突兀。

當然，大家到現在還是無法相信，如貝聿銘金字塔或是艾菲爾鐵塔那樣的鐵與玻璃結合的建築，依舊讓愛美的法國人覺得很無法接受。

　　我們在那邊念書的人，難免會住到傳統的奧斯曼建築（就是大家在巴黎隨便拍隨便入鏡的巴黎經典建築）裡。那種建築的結構很特別，地板常常會發出嘎嘎聲響，隔音很差，周末或平日夜晚隔壁房間做愛的聲音聽得一清二楚。冬天很冷，都要有暖氣設備才能度過寒冬。有時候，大雪的季節，如果暖氣設備不足，很容易凍到手指頭裂開。

　　我那時候住的房子比較偏向戰後時期蓋的新款房子，像我們現在說的國宅那種，擁有中央暖氣設備，每個月的暖氣費用會依據使用量決定，跟水電表以流量計價的方式一樣。我住的那種房子外型普通，沒有美麗的外牆跟屋頂，但一樣的是，每間房間的採光都很好，我的房間有陽臺，可以看到對面房子的誰在讀書？誰在徹夜狂歡聊天喝酒？等等，還有中庭高聳向天的樹木與隨時飛過去的飛鳥啁啾。

　　其實，我都一直覺得巴黎的每個角落裡充滿了豐富的歷史，還有每個來過巴黎的人的故事。你隨時在某條路上的某間房子牆面上，就會看到牆上有板子刻上這是某某名人出生的地方，或是這家

咖啡店曾經是某些名人喜歡來聚會的地方。某條街的街名是為了紀念某某名人而命名的。還有某項發明的法文，就是以發明者而命名的。

據我學習法語多年的研究，法語的文字總是承載著許多意義。這些意義往往背後有著歷史淵源的支撐，而且是從遙遠的羅曼語系時期就承襲保留下來，往往根據法語的字根，就可以找出這個字跟什麼有關。

城市的樣貌也是一樣，在巴黎的建築或歷史裡，我們可以看到很多偉大的藝術家或建築師所留下的作品，那跨越時空歷史的美，只要用心觀察、細細體會，便能感受，這部分真的就是跨越了文字語言的藩籬。

其中的美，真的不需要靠語言去解釋！

索邦大學前的咖啡館林立

不會拉丁文進不了大學門

　　這嚇人的標題，對現代的留學生而言，不如一句：「沒有家財萬貫，想出國唸書想都別想。」在我2017年到歐洲近個把月的旅行中，偶然在義大利佛羅倫斯的某個巷弄咖啡館中聽到一些亞洲年輕人的談話內容，讓我這個曾經是歐洲留學生的人聽了，有種似曾相識卻又陌生的感覺。

在我個人的留法經驗裡，班上的亞洲留學生本來就少，畢竟在法國研讀語言學，等於法國人到臺灣念中文系一般困難，光是入學前的面試，就可能會被刷掉，如果你的法語口語跟聽力程度不夠好的話，收你入學文件的教務處註冊組萬年祕書是可以直接拒絕你的，過不了她的那關，就別妄想教授會看到你的個人資料！

歐洲學制，教授的意見勝過一切，但擋在前面的教務處萬年祕書，更是權大於天，惹不起的！我們後來跟教務處的萬年祕書熟稔一點後，她也跟我說實話，當初是因為我的語言程度不錯，而且教授願意收我，我才能夠入學。所以說，要入歐洲學堂真的沒那麼容易啦！

特別是這種上課要「全法語」的地方！

我就記得，念書的那幾年，教授點名某些亞洲同學，特別是來自中國的同學，他們總是缺課。據我事後的了解，他們都在打工，根本就沒辦法認真上課，想辦法缺課到過不了考試，畢不了業，才是他們真正的目的，這樣辦延簽時才能繼續以學生身分留下來。不像我們，大家帶來的錢財有限，在臺灣的父母總希望你趕緊念完趕緊回臺。

2017年我聽到的那群中國年輕人的對話是：「我爸媽要我就想辦法留在這裡，所以我就開間咖

啡館，反正他們都會支助我金錢！」所以，學校的學籍就是一種辦延簽的方法，以學生身分繼續留在國外，也許就作為將來家人要移民往海外的接濟。

國家有錢了，那逃離的心思依舊。我同樣2017年年底到中國成都工作，我的業主也是如此，她家早早把小孩都送到澳洲，她弟也在澳洲生活，偶爾回成都。她經常來往成都跟澳洲，在成都賺錢然後移民澳洲，這似乎也是臺灣或中國很多有錢人的生活狀況。

話說回來，不會「拉丁文」在法國念大學或研究所，特別是以人文科學為主的學系，的確是難上加上。我們語言學系上的課程，如句法學跟語音學等，都時不時會提到拉丁文。畢竟，從歷史淵源來看，拉丁文的傳承，從希臘羅馬時期到中世紀跟文藝復興時期等，幾乎一脈相傳，當你閱讀史料時，一定會碰到拉丁文。

所以，我一開始以臺灣的法文系去申請法國索邦大學La Sorbonne的法國現代文學系研究所，依舊逃不了要回頭去大學部重修拉丁文的命運。跟索邦大學的萬年祕書討論後，我決定改去巴黎第五大學（現在與七大合併變成巴黎西堤大學）申請語言學的語言教學研究所。

最終，還是在
語言學的課堂上與「拉丁文」相遇！

教授解釋了原因，除了很多史料還是以拉丁文記載之外，在語言學的範疇裡，如果你不會拉丁文，你很難理解法語裡的字根來源，還有字尾變化的規則，甚至是語言性別的區分。所以，在全法語的學術殿堂，你還需要會拉丁文，才有辦法進入真正的閱讀與研究學問的世界。

對了！話雖如此，還是有很多法國人不會拉丁文喔！這是他們的學者上電視討論過的話題。

巴黎最古老的索邦大學要進去都要檢查學生證

來好多年也無法當學生

出國念書或是移民，都是人生道路上一個很有趣的轉折。有人如我飛出去又飛回來，有人則是一去經年，甚至在念完回國之前，峰迴路轉，接受了異國戀情或是異國婚姻。

但我聽過最慘的，莫過「來法國很多年，依舊進不了學校」。

我研讀的語言教學學系裡，必須有一年的語言中心實習。我當時選擇了去巴黎的天主教語言中心L'institut Catholique實習教法語，在那裡實習的六個月中，我結識了某個臺灣學生，他想進L'école des beaux-arts巴黎美術學校念書，但因為自己的法語不夠好，無法在老師們面前用法語介紹他自己的畫作，因而不得其門而入。因為我當時負責帶初級班débutant的學生，這個臺灣學生就在我班上，他確實有口說跟聽力的問題，但要能夠用法語介紹自己的作品，那真的還要好幾年。

　　我也在平常生活裡認識了幾個來法國比我久很多年的臺灣學生，他們的法語程度只能說應付生活還可以，但要面對學術專業，那真的還要下很大的工夫。而且因為每個人一開始所接觸的法國地區不同，所接觸到的口音也不同，來巴黎後，又要接受巴黎人習慣的說話方式跟速度，很多人有適應不良的問題。所幸，我當初在考慮城市跟學校時，就算覺得巴黎以外的地區生活費低些，最後我還是選擇了巴黎！

　　剛到的時候，我也是吃了很多苦頭，包括找房子跟申請學校，還有去公家機關辦證件等等。巴黎居大不易，便宜又好的房子很難找，我又不想住閣樓房chambre de bonne，當時很多房東也不願意租給亞洲人，畢竟亞洲人對他們來說是神祕又陌

生的族群。很多臺灣學生都會預先在臺灣找法國homestay接待家庭，然後來法國後，就發現跟當初他們在臺灣時的想像很不一樣，最後多半以「糾紛」收場。

如果你沒辦法拿到學生身分，你就沒辦法拿到一年一簽的學生簽證，也沒辦法拿註冊單去銀行繳費，當然銀行也要開戶，但要銀行開戶，你也得先有住處，這些事是除了語言程度外，彼此環環相扣的。我那想進美術學校的語言初級班學生，他拿的就是用語言學校申請的學生簽證，效期比較短，半年一簽。

在法國，應該說歐語系國家，當然也是看科系，還有你想學習的專業。要進學校很難，想要畢業更難！所以，我們的教授不厭其煩的叮嚀我們：「你們這些亞洲學生，別以為你們是外國人就可以輕易過關！是你們自己選擇要來念的。」

我的句法學教授，是一個很有名的語言學學者，他也在漢學中心學中文，他常常在課堂上問我：「站、站起、站起來」三個字組的差別在哪？其實，我非中文系，也無法給他很棒的解答。但當他問法國同學關於「子句跟從屬子句的差別」，還有其他句法分析時，我很快回答出正確答案時，他跟法國同學們瞬間投射過來的目光，然後他就跟法

國同學說：「你們這些法國人怎麼對自己每天講的法語這麼不了解？」

哈！真的，我很會講中文，但我真的對中文的句法也是一知半解。反倒，從開始學法語，便開始學習動詞變化及文法中句法分析的我，對他們法語的句法邏輯，可是清楚得很！

也許是語言天分，也許是上一世殘存的記憶吧！我從我對法國及法語的喜愛，甚至是與法國巴黎人事物的緣分來看，絕對是有其累世淵源的。不然，我也不會那麼輕易的就進了學校，在巴黎教法語跟中文，特別是在那個留學生打工每週只能24小時的年代，何其幸運！

買花送花是巴黎人的生活日常

講句bonjour打開法國人的心門

不管早上或夜晚,無論何時何地,看到法國人說句bonjour就對了!

你會馬上看到他們發自內心自主性的回應:「bonjour!」,甚至馬上笑臉迎人,冰釋臉上原本的冷漠,甚至連平日早就端好端滿的高傲自信也會馬上取下,給你個如同好久不見老友的溫暖回應。

有些地鐵站的售票員還會跟你討要一句bonjour,不然他都不想賣票給沒禮貌的你。這點

是連已經住過好多年的我都會犯的錯。2017年那次回巴黎，我就忘了跟售票員說句「bonjour」，當下立刻被他指正，於是我從頭來過，從對他說bonjour開始，我才能接下去問我想問的事情。

這點禮貌對法國人來說，非常重要，也許只是句日常問候，卻也代表著對別人的尊重。我們常常在生活裡希望大家彼此尊重，可是我們可有一個非常明確的做法？如法國人這樣的方式，不管這個人你認不認識，都要跟對方說：「你好！」我們的社會如果懂得這樣做，那至少會讓社會氣氛和諧許多，而且彼此尊重就會變成大家每天必須要做的事。

我住在巴黎的時候，雖然很少看到鄰居，但我們進門的公共玄關，就是大家的信箱間，偶爾會遇到鄰居在拿信，大家都會彼此說句：「bonjour！」在咖啡店、麵包店、超市等等你每天都會經過的地方，你都得說bonjour！

這不打緊，最可怕的是法國人最特有的bisou就是「貼臉頰禮」，看你想跟對方貼幾次，除了見仁見智外，還有看地區、看交情、看約定俗成。比如「交情」的例子，我就在巴黎里昂車站的月臺上，看過有從外地來的老先生跟來車站接他的巴黎老先生，兩位老先生彼此貼臉多達8次，外加擁抱，可見他們是很久很久沒見了，而且有可能是從小就在

一起的玩伴，所以會貼臉加擁抱！

　　不然在一般巴黎的社交場合，男生會主動跟女性朋友或是朋友帶來的女伴主動禮貌性的討要「貼臉頰禮」，而且頂多左臉加右臉共2次。我法國朋友Damien曾經跟我說過，他們公司的女性職員很多，每天幾乎都要進行30幾下「貼臉頰禮」，其實滿累的，通常打完一遍招呼都快一個上午了。

　　我朋友Damien是不色的已婚法國人，而且娶了臺灣老婆，他以前在巴黎某間飯店當櫃檯人員時，他很討厭香港旅客，他覺得他們講話嗓門很大很吵。他也是我在巴黎時的語言交換，他跟我學中文，我跟他練習法語。他後來考上法航地勤，他說他找到這麼好的工作，一輩子無憂了，可以待到退休，我第一次體驗到法國人找到好工作的幸福感。

　　為何我一開始說他是不色的法國人，因為據受害過的女性友人說過，有些法國人會藉討要「貼臉頰禮」為由而「揩油」！就是乘機吃女生豆腐，從貼臉頰時嘴脣乘機滑過去親女生的臉頰，而且很故意。如果你剛好不喜歡那個色色的男上司或是男色鬼，就真的很噁！所以，如果女生不想跟法國人進行貼臉頰禮，其實就主動伸出手握手即可，當你自己不熟法國人的禮節，特別是在面對你真的不熟的法國人，好友或是熟悉的人就沒關係。

回到我們說bonjour這件事，有些來臺灣教法語的外籍老師們也會在網路上宣傳說，到法國的咖啡館或是麵包店會說bonjour時，店家或是咖啡館服務生對你的態度會和善很多這件事。打招呼是必須的，但後續服務生說的話，你應該就完全「霧煞煞」，其實也沒關係啦！你就學巴黎人，冷冷看待一切，對菜單比手畫腳一番，最後離開前，把正確的錢幣數目，放在服務生遞給你的帳單小盤子裡即可。這一切都不需要多說什麼！

反正，巴黎的服務生都心知肚明，巴黎每年的觀光客如潮水般湧來，會不會用法語點菜或點飲料，他們也不在乎。在法國的消費是不需要額外付小費的，除非你想多給服務生，所以你幾乎會看到很多人都是直接付完錢就走掉，服務生看到帳單盤上有錢然後沒客人，就會過去收起帳單小盤跟喝完咖啡的咖啡杯。

巴黎的生活有種隱藏的默契，這些細節需要你坐下來好好體驗才知道！所以，很多觀察敏銳且第一次造訪巴黎的人都會說：「巴黎是需要蹲坐體會，而不是走馬看花的。」其實每座城市都一樣，住久了，就會了解其生活的潛規則，就如同我說的，「講句bonjour打開法國人的心門」吧！

公園提供了巴黎人生活最美好的感覺

巴黎的房事一堆鳥事

　　如果你在夏天來巴黎住一陣子，你就會常常看到鴿子熱到昏頭，然後衝到你的屋外牆上，「咚」一聲，昏倒在陽臺上。

　　那一年夏天，我從陽臺上看到對面窗內有法國年輕人熱到脫掉上衣，窗戶是打開的，他戴上耳機在念書，應該是要準備期末考試，考完了大家放長

達三個月的暑假。

夏天的巴黎，大家都穿少少，平常沒吃多少的巴黎男女，這時候更要好好展現自己平日鍛鍊身材的好成果。以前的巴黎夏天，雖然房內沒冷氣，所幸早晚溫差大，晚上會涼快些。但近幾年，歐洲的夏天溫度愈來愈高，熱浪一波一波襲來，現在被熱昏頭的已經不只是鴿子了，還有人！

所以，巴黎也愈來愈多人家裡安裝冷氣，可是，冷氣吹多了更不耐熱，而且冷氣排出來的熱氣滿街，更讓人受不了。大家是否有注意到，日照強地區的歐洲建築，往往會有種窗戶設計，叫作「遮陽板」，就是在玻璃窗外多了兩片遮陽板，除了遮光外，還可以幫房子降溫，有專家表示，緊閉遮陽板可以降溫幾度。

巴黎的經典奧斯曼建築是很通風、強調採光，但還是擋不住熱浪，畢竟熱浪是整個法國必須面臨的。在歐洲改成歐元貨幣流通後，其實往日的榮景也跟著消失，什麼都變貴了，巴黎人也變窮了，光是一杯咖啡就從以前的5法郎（臺幣約25元）變成現在的4歐元（臺幣約120元）。以前我們都會喜歡去葡萄牙、西班牙或是義大利花錢，都比法國便宜很多，現在什麼都貴了，我想當地人也會很有感的，相對的，對生活的怨氣隨著物價飆漲。

巴黎的房租更不用說，我以前住13區靠近5區，算是不錯且安靜的區塊，離地鐵站又近，附近超市跟傳統市場都有，而且可以申請居住補助，每個月房租約莫臺幣12500元，扣掉補助只要6250元臺幣。學費更是便宜，年繳4450元臺幣。但找房子真的不是件容易的事，我也是幸運有高人指點，告訴我如何找！

　　畢竟我們是外地人，房東也怕我們，因為在法國的法律是保障房東跟房客兩方的，而且他們明文規定，在冬天是不能趕房客的，所以，在巴黎找房子，要房東跟房客彼此看對眼，實在很看緣分！有幸租到房子，能不能順利一直住下去？就很難說了。我很多朋友都是因為跟房東發生了一些衝突而被迫搬家。

　　有個女生朋友，她買了食物放在與女房東共用的冰箱裡，每次都不翼而飛，而她的女房東在高級時尚品牌公司上班，應該不至於偷吃她的食物?!另一個朋友遇到的狀況是，她的房東三番兩頭去翻她房間的東西，很怪！

　　我剛搬到我住的地方時，原本隔壁有個房客，他是快畢業的高中生，很吵很愛大叫，還好他住半年就搬走了。當時跟他共用冰箱也是很痛苦，幸好他沒有冰很奇怪的東西，也沒有偷吃我買的東西，

我算是滿幸運的。

在他之後，我隔壁的室友就都是我選擇的，我也可以安心念書了，畢竟我們臺灣學生還是比較安靜，而且會把心思完全放在課業上。

我有個非洲摩洛哥同學Masamba他住的就是歌劇院後面的閣樓房，那一整排小房間，進到裡面還要低頭，閣樓房chambre de bonne的天花板就是巴黎屋頂的斜角，沒住過的人也許會覺得很浪漫，因為房間的天窗打開就可以看到巴黎天空，但我覺得那傭人房似的房間也只有留學生可以接受，活動空間真的很小。

當初我原本去巴黎之前委託我學妹幫忙找的，可能就是那種，因為我第一次去巴黎自助旅行時住過我學妹租的房間，就是那種閣樓房。

第一次造訪巴黎，什麼都覺得很新鮮，也覺得晚上睡覺時，就可以仰望巴黎星空很浪漫。但等我真正住到巴黎時，我卻不怎麼想找那樣的房子，覺得那種房間住起來會很憋屈，而且廁所衛浴都是公用的，必須要走到外面去使用。

總之，巴黎的房事很多鳥事，但你要學會忍耐看待它，畢竟它會牽扯出你在巴黎的生活脈絡！

包括申請銀行帳號，還有居住補助等等，當然你要遇到好房東願意開給你居住證明，很多想省下一筆稅金的房東是不願意開給你的。

其實，這些巴黎房事也帶給我人生很多的美好回憶，包括我在巴黎自己修馬桶（叫人修會叫很久）、還有我睡在骨董床跟有著骨董櫃的房間、人生的第一張「梵谷椅」，還有我人生第一次「離家那麼遠」的獨立生活。

有了這些國外生活的鳥事，你往後的日子，就算遇到再大的困難，也都會覺得那是剛好而已。

面對新橋的塞納河畔是巴黎人最愛的曬太陽地點

塞納河的美永遠看不盡

如果你有機會到巴黎走一趟，你一定會覺得巴黎塞納河的風景怎麼拍都美！

我個人一直都很愛塞納河上的某個角度，就是當你站在塞納河的藝術橋Pont des Arts上，然後往聖母院的方向看去。你的眼前是新橋Pont Neuf；新橋在法文的原意不是新的橋，而是指塞納河上的第一座石橋。

以前的塞納河要渡河，都得走像佛羅倫斯舊橋Pont Vecchio那種橋上有建築物的橋，只是當時巴黎的橋上都是木造建築。

像新橋這類的石橋都是17世紀之後的事了，完整蓋好是在法王亨利四世在位時期，所以你會在新橋旁西堤島上的Square du Vert-Galant小公園看到亨利四世的雕像。

當你有機會搭乘當地人戲稱的蒼蠅船bateaux mouches，因為船上的燈光很像蒼蠅的眼球，人家現在叫作bateaux parisiens巴黎遊河艇。只要搭一趟塞納河巴黎遊河艇就能了解關於塞納河的橋，以及沿途經過的建築歷史。

從巴黎鐵塔那頭出發，一直到穿過新橋底下，從西堤島的右側經過，然後船上的導遊會描述關於聖母院的歷史以及過去發生在這附近的故事。最後繞過在西堤島Île de la Cité後面的聖路易島île de St. Louis，在調轉回頭。就這樣一圈的行程，沿途會經過我一開始就提到的藝術橋。這座20世紀初新藝術時期蓋的橋，只有用當時最流行的鑄鐵跟木板蓋的，連結法蘭西學院與羅浮宮中央廣場。

這橋上可以讓你看盡塞納河的風光。你如果

從羅浮宮這頭上橋，往右看過去，遠端就是連巴黎某些老人至今依舊不認同的艾菲爾鐵塔，他們總以跟巴黎浪漫氣氛無法融合的鐵建築來看待這座1889年為了萬國博覽會問世，已然成了巴黎標記的鐵塔。

再往左一點，會看到最近讓法國人為了退休年限延後2年而氣到跳腳跟發動恐怖罷工讓巴黎到處一堆垃圾的法國國會Assemblée nationale，以及由舊車站改造的奧賽美術館Musée d'Orsay。

眼前是法蘭西學術院Académie Française，受封為法蘭西院士的名人，有如雨果、小仲馬那類的文學家；「微生物學之父」路易巴斯德那種科學家或《神話學》李維史陀那種社會學家，還有政治家跟對法國有貢獻的軍人等。

往左看過去就是新橋後面的巴黎聖母院Notre-Dame de Paris，你可以遙想這是過去巴黎西人最早發展的地方，打漁船運跟生活信仰中心。當遊船從聖路易島調轉回頭，沿著西堤島另一邊回到新橋前，會經過兩座雙生尖塔的巴黎古監獄La Conciergerie。

其實調轉回頭時，船的右側會先經過巴黎市政廳Hôtel de Ville，然後經過古代巴黎非常熱鬧

的大市集夏特列La Châtelet，我很不建議大家去這裡的地鐵轉乘，這裡的轉乘很可怕，有條超長的手扶梯連通道會走死人，很多在巴黎地鐵取景的動作片都愛在這裡拍攝。不僅下班人潮擁擠，那超長的連通道，足足可以拍很久的追逐畫面。

接下來就會回到新橋，看到最近因為周杰倫MV很紅的莎瑪麗丹百貨La Samaritaine。

過去我談到巴黎的逛街經驗時，其實很少提到它，主要是它閉館很久，最近才又重新開幕。現在由LVMH集團經營，應該會比以前好很多。以前我就記得在念書時，根本就覺得這家百貨人很少，賣的東西也不精采，最後的印象是Conforama家具量販在經營這個百貨空間，當時我只喜歡買Habita。

最後，我們的視線可以回到羅浮宮後面的中央廣場靠藝術家橋這一側。每次回到巴黎，就都得到塞納河畔走走，一年四季都有不同的色調與景致。夏天這裡常常被弄成（偽）海灘景致，讓巴黎愛晒太陽的人們有種，不用離開巴黎也可以擁有度假後的晒黑成果。據統計，跨過塞納河上的橋，截至目前為止總共有37座。每一座都有其特色。如果你在巴黎搭地鐵遊玩，有2跟6號兩條可以看風景的高架地鐵，你可以搭6號線從Bir-Hakeim這一站，

靠近艾菲爾鐵塔，搭到Passy這一站，就可以體會搭地鐵從空中跨越塞納河的感覺，看過去的鐵塔風光也是一絕。

塞納河的美永遠說不盡。那林樹光影與河上翔鳥的風光，教人心曠神怡，也難怪巴黎出產「自由」的空氣，在塞納河邊有著綠色小書報攤Bouquinistes旁的人行道一站，你就會覺得自己身心自由了起來。儘管身旁就是濱河大道，也有車流尖峰時刻，但畢竟人車分流，加上廣闊視野與高大行道樹，你完全不會覺得內心煩躁，應該只會想大談一場戀愛吧！

河上的藝術橋後面是法蘭西學院

每個巴黎人都有自己心中最愛的麵包店

買麵包看排隊就知道

　　早期的臺灣還不流行排隊等吃美食，那時候總是看日本旅遊行腳節目，學到「只要是在街頭看到有人排隊的店家，去排就對了！」果然在日本的排隊美食，幾乎都是很好吃、也很有名的店家。在那個臺灣還不流行排隊的年代，我到法國開啟我的留學生涯，也見識到了買麵包排隊的盛況，當然都是在傍晚時分。

每個巴黎人都有自己住家附近很愛的boulangerie麵包店！當時我還只是剛到巴黎居住的留學生，當然也要在我家附近找間長期購買法國麵包baguette的店。

　　我在離家最近的地鐵站附近搜尋，當然就以從日本旅遊行腳節目中學來的美食直覺，只要到了傍晚，學生放學到上班族下班的這期間，去找找有沒有排隊店家？然後買基本款的法國麵包或是可頌，品嘗看看就知道了。

　　我那時候想說，搜尋範圍擴大一點，於是就提早一站的Nationale地鐵站下車，順便去超市買買東西。我在這一站的地鐵下車後，走到對面，這時候差不多快下午5點，已經有人龍在街角轉彎的麵包店前面排隊，我當然也假裝自己熟門熟路地排起隊來。到我的時候，我就以當初不算很厲害的法語問店家說，他們的麵包多半何時出爐？站在收銀機後面的老闆娘說：「下午4點以後。」

　　我的巴黎法國麵包購買初體驗就這樣完成了！然後我也學起巴黎人，馬上掰開一段法國麵包邊走邊吃，那出爐不久，口感外脆內軟、咀嚼中感受到滿滿的麥香，對頭一回在異國居住的我，充滿了無限的感動。其實，來巴黎已經一個多月了，前一個多月都在忙找房子、銀行開戶、去區公所辦身分證明，

還有去學校面試筆試跟註冊，根本無心好好體驗所謂的巴黎生活！

現在不僅已經找到房子，弄好學校的事，也申請好了居住補助，一切已經準備就緒，就可以好好感受一下巴黎人的真實生活了！

剛剛提到的這家麵包店我滿喜歡的，各式麵包也很不錯，但隨著居住的日子愈來愈久，我當然不會只買這家麵包，最後我還是比較常買的麵包，是我家斜對面的小麵包店。年輕的老闆很好心，常提醒我買回去要等等再吃，讓麵包的表面脫水，口感比較酥脆。

2017年我還有回去住的地方看看，我發現這家小麵包店已經擴大了，有了幾個座位區跟站著吃的吧檯，年輕的老闆也邁入中年。麵包店的經營型態已經是加入了喝咖啡的地方。現在大家看到巴黎麵包店很多都有兼賣咖啡，以前其實麵包店就純然是麵包店，頂多有甜點。咖啡館就全然咖啡館，就像《艾蜜莉異想世界》電影裡的咖啡館那樣，是大家看報、喝咖啡、聊天把妹跟看人的地方。

結合咖啡與麵包的店很少，有家La Brioche布里歐麵包咖啡是連鎖的，當時開在盧森堡公

園附近，我每天搭27號公車從我家那邊到La Sorbonne索邦大學裡的教室上課，都會提早在那邊下車，然後買個巧克力麵包pain au chocolat跟一杯黑咖啡café noir緩緩經過偉人祠Panthéon前面下坡的馬路，往學校門口走去。

在法國吃麵包吃久了，法國麵包已經是日常，餐廳吃飯會無限量免費供應，在家吃飯跟朋友聚餐，桌上也都會有法國麵包。在外面吃飯時，看到外國人用麵包把醬汁扒光扒乾淨的，多半是法國人，是他們自然而然養成的習慣，當然也是對備餐者的一種尊重。

在羅浮宮附近的精品街上，你總會看到很多穿著打扮光鮮亮麗的紳士淑女，在麵包咖啡店旁的座位區上，優雅吃著用法國麵包夾蔬菜起司肉類的三明治，然後喝杯酒或咖啡，你會覺得在這樣美好的氛圍下，吃一半或是吃三分之一的三明治很正常，難怪他們多半瘦瘦穿衣好看，也不是刻意減肥，而是細嚼慢嚥容易有飽足感，環境氣氛就是優閒自在，休息就是休息，絕不談工作。

有一年我去南法的亞維儂Avignon玩，偶遇了一間專門賣傳統麵包的店，而且是窯烤的麵包，那炭火所烤出來的麥香與天然酵母展現的風味，天啊！吃出法國麵包新高度。後來我記得有一年我

帶家人去巴黎，在14區的Denfert-Rochreau圓環附近發現一家也是賣傳統麵包的店，超感動的。在巴黎這樣快速且寸土寸金的城市，很少有賣這種費工費時，卻可以吃到傳統風味的麵包。像Paul那種連鎖店，早期我們留學生很愛去喝咖啡吃麵包的地方，其麵包的水準大概跟我說的那家連鎖La Brioche布里歐差不多。

不過，巴黎每年都會評選出該年最佳的法國麵包，隨即那家麵包店就會出現排隊人潮。但以我對巴黎人的了解，如果是便宜又好吃，他們才有可能會去排隊，如果口感跟他家附近的麵包店差不多，他們終究還是會選擇在自家附近買麵包。

畢竟，巴黎人每個人都有自己的美食口袋名單，也很愛討論餐飲旅遊方面的話題，聊吃聊酒、罵政治人物，調侃其他國家的人，或者是藝術文化文學等，都是他們餐桌上最常出現的話題。從麵包排隊人潮就可以聊到自家附近有哪間麵包店很棒；從今晚喝到的好酒，就可以聊到誰的朋友家裡就是葡萄酒莊園等等。愛聊天是法國人的天性，他們很怕你把話題聊死，但也許是你跟他聊天的頻率不對，但他們總會試著想辦法跟你找出共同話題。

聊哪間麵包店有人排隊，絕對是個跟法國人
聊天的好話題！他們絕對會給你完全不同的
看法，你就可以聊出他心中最愛的麵包店是
哪間？然後為什麼？
法國人很能告訴你他心中的答案
和他對麵包的見解，包括好吃的可頌。

香料烤雞搭馬鈴薯是巴黎人最重要的飲食

巴黎晚餐首選香料烤雞

　　以前有聽過某些去過法國，而且品嘗過法國冠軍雞布烈斯雞poulet de bresse雞肉的臺灣觀光客說：「法國冠軍雞肉質軟爛沒彈性，還不如臺灣的放山雞！」其實，法國的雞肉確實沒有我們想像中的口感Q彈，連海鮮也是，都跟我們平常印象中的臺灣海鮮雞肉口感有所不同。

只能說，每個國家對食物口感要求的習慣原本就不同。

旅行或出國居住，本來就不能一直帶著自身的習慣到處跑，不然，很多事情都會格格不入的。

我們這些住過法國的留學生很愛開玩笑說，在法國點肯德基炸雞餐，如果店員給你都是「雞胸肉」表示「他愛你」，如果都給你「雞腿肉」表示「他討厭你」。這些玩笑背後的意義是說明，法國人比較喜歡吃雞胸肉，跟我們臺灣人傳統觀念覺得「雞腿」比較珍貴，比較好吃的想法很不一樣。

我就遇過有朋友要我幫忙他跟店員說，請給他兩塊雞肉都是「雞腿」的，我只看到那個帥帥的好心店員先是楞了一下，然後只好微笑的給我們挑了雞腿。我在想，他一定想說這些亞洲人怎麼那麼蠢？放著大塊雞胸肉不吃，吃什麼雞腿？

在我念書的那個年代，麥當勞跟肯德基，其實滿不受法國人歡迎的。

法國人通常會在家附近，挑一家肉品店。這肉品店boucherie也必須要賣「旋轉香料烤雞」。店家把一隻隻烤雞串起來，利用烤爐牆的火，透過烤串旋轉的方式，慢慢把一隻隻醃好香料跟奶油的雞烤到表面金黃，烤爐牆的最底下則是放著大量的

洋蔥切絲跟馬鈴薯，讓它們好好吸取從上面滴下來的雞汁。每個巴黎人就在下班放學後，到這肉品店去買香料烤雞回家當晚餐，當然，也可以順便跟店家買些洋蔥馬鈴薯搭配著吃。

很多巴黎人的晚餐，就是這樣一份烤雞（烤雞的賣法，通常是以un quart四分之一、un demi半隻或是un total整隻來秤重賣的），加上洋蔥馬鈴薯配菜，然後買條法國麵包跟開瓶紅白酒喝，就是一頓豐盛的晚餐。如果今晚要宴客，就頂多再配個簡單的沙拉。

我住巴黎時，就經常遇到去朋友家裡一起晚餐時，看到餐桌上僅有如此的安排。而身當客人的我，也只要簡單的帶份好吃的甜點跟他們分享，完全不會失禮了。

一頓晚餐簡單而美味，沒有吃很多，酒慢慢喝，最後品嘗到甜點作結束，話題從最近國內發生的大事到彼此生活上的小事，一頓飯吃下來花了兩三個小時都很稀鬆平常，從8點半左右吃到11點左右，再搭地鐵回家，幾乎都是每個巴黎人下班後的日常。

當然法國人也不是天生好客，也必須是他們覺得把你當好友，才有可能邀請你到他們的生活空間。

我還有一次印象深刻是周末假日去同學家作客的經驗，他媽媽準備了很簡單的義大利麵，也就是麵煮一煮拌奶油而已，完全沒有任何像培根或是雞肉等食材，比陽春麵還陽春！然後配一瓶喝起來也不怎麼樣的白酒。飯後我記得是同學跟她男友帶我去她家附近的森林（地點在巴黎近郊的東南邊山區）散步。

　　在下山步道出口附近的停車場還有間藥房pharmacie，藥房有準備一本《菌菇百科全書》，提供給在森林裡採菌菇的民眾查詢，每種菌菇的外形名稱、毒性氣味、生長過程與遍布地區統統詳盡記載，以免民眾誤食有毒的菌菇。有種說法，顏色愈鮮豔的菌菇，通常都是有毒的，最好也不要觸摸！

　　法國有種很有名的黃色菌菇叫作「雞油菌girole」跟雞沒有任何關係，還有像「羊肚菌」也跟羊沒關係，只是外形像羊肚的蜂窩狀組織，還有「牛肝菌」也跟牛肝毫無關聯，義大利文叫porcini（原意為小豬，意指此蘑菇形狀和顏色讓人連想到小豬。）法語叫cèpe（美味的野生蘑菇）。

都是中文翻譯害死人。

　　連我去過法國留學的大學同學，有天去高級牛排館吃牛排套餐，對著服務生說：「這套餐附的

牛肝菌濃湯可以換成別的湯嗎？因為我不吃牛！」坐在對面細讀菜單的我，當下噗哧笑了出來，跟她說，同學，牛肝菌是歐洲菌菇類的一種，跟牛沒關係啦！

從雞肉談到菌菇，在料理烹調的世界裡，這兩個是好朋友。當菌菇那帶有大自然風土的滋味搭上雞肉的柔軟甜美，當然還有洋蔥、蒜、白酒跟起司等助力，溫暖且舒服的味道，馬上可以撫慰了每個每天疲累面對工作跟生活的人。

當然，我法國同學知道我的手藝比她媽媽了得（在一開學，她們就品嚐到我的手藝了），但邀請的誠意大過美食，她跟我說，我千里迢迢從臺灣到巴黎求學，理應有機會到法國人家裡坐坐，看看法國人真正的生活樣貌。

直到如今，我依舊很感謝也很想念這位同學，雖然沒有了聯繫，但我心裡卻永遠保留著那天搭火車去她家午餐，然後一整個下午在巴黎近郊東南邊森林裡散步，享受浪漫秋光的回憶。

巴黎的酒商只怕你不喝不怕你試喝

選酒喝到飽就怕你不喝

在法國住久了，要不喝酒都很難！

雖然我回臺灣很多年了，那個被養成了酒癮每每在聖誕節前夕發作。像大潤發或家樂福等量販，往往都是我挑選不貴又好喝的法國葡萄酒的好去處。這習慣也是打從我居住法國的時間開始，慢慢在巴黎的生活中被潛移默化。在出國念書之前，我並沒有這種習慣，也不太喝酒，因為我對某些酒質

過敏，如啤酒之類的。

在巴黎居住的日子裡，上賣場或葡萄酒專賣店挑酒品酒，實屬日常。在巴黎如Monoprix、Auchan、Carrefour等量販超市，雖然有一大堆匯集法國各葡萄酒產區的好酒任君挑選，但挑選的過程就只是一種賭注，畢竟你也不會了解哪支酒你買回去後會真正對上你的味蕾，即便你了解某個產區或某個城堡酒莊所出品的酒有品質保證，但隨著每年不同的溫度氣候水土狀況等條件不同，也會讓葡萄成長狀況有所不同，才會有所謂「年份millésime」的問題。

這樣說！
同一個酒莊，每年出品的葡萄酒，品質都會有所不同。所以，喜歡品酒的人，也會跟著所有的葡萄酒農一樣，會特別關注每一年的氣候與日晒狀況。

當然，日晒狀況也會跟葡萄藤種植的方向有關。再者，就是所謂的風土terroir，也是愈來愈回歸自然的法國餐飲界，目前最關注的問題——自然風土。

回到剛剛所述的，量販超市選酒與葡萄酒專賣店裡選酒的差別，在於當你在量販超市裡的葡萄酒專區選酒時，猶如衝浪高手，你必須靠自身的

經驗，從茫茫酒海中，探知哪個浪（哪支酒）會是好酒，那就考驗著你平常自我訓練的喝酒功力。而在葡萄酒專賣店選酒，就像在衝浪俱樂部裡遇到同好，同好還會告知你哪邊的浪（哪支酒）是值得征服的海域。但同好所述的，也不過是他店裡能夠提供的海域，喜不喜歡或想不想試，就看你個人選擇，畢竟牽扯到店家的專業與採購利潤等的問題。

最大的好處，是可以透過「試喝」來決定！
而不像在量販超市裡，沒有試喝，只能
完全透過自己以前喝過的經驗或朋友推薦
等等來選酒。

離我學校不遠，在Marché Buci的街角有家葡萄酒專賣店la dernière goutte是我滿常去選酒的店家。老闆或店員都很好，只要你告知你想要選擇哪個產區的葡萄酒，他就會拿出不錯的推薦給你試喝看看，然後在試飲la dégustation的過程中慢慢解釋酒體本身的風味變化，以及透過嘴巴溫度的酒汁殘留所展現的餘韻等。

當然，他們也會詢問你選酒的目的是什麼？送人還是自己喝？如果是送人，是在什麼樣的場合？去拜訪朋友嗎？有需要佐餐嗎？可能會佐什麼餐？之類的問題。然後有可能會像我們臺灣的豆漿專賣店，一瓶瓶他所推薦的好酒被一瓶一瓶的打開，然後請你試喝看看！

我是個很客氣的人，不好意思試喝太多，所以我試過兩支他推薦的酒後就買了其中一瓶，畢竟我們也沒人家懂酒。只要把需求告知清楚，試喝的感覺不錯，價格也合理，也就可以下手了。有時，專業貼心的店員，還會因為你所送之人的性別年紀而推薦不同款的酒。

　　在這樣的葡萄酒大國喝酒、選酒，就是大器，店家根本不怕你喝，也不怕你不買，他們真真實實的展現他們的專業器度！

　　當然，有人就會說，那萬一遇上嗜酒如命又不買的人，怎麼辦？這種人在法國應該很少，因為連法國街友都會想要拿著別人的善心錢去買酒喝！常常可以在街角看到街友臉紅彤彤醉倒在地，身旁沒其他，就是一堆酒瓶。

　　另外，葡萄酒專賣店也宛如一間花店，他們會把你要送人的酒包裝好，讓你把酒如同禮物般送出去。我在2010年出版的《法國人搞什麼?!》一書中就已提過，送花送酒都是法國人生活的日常。他們常常需要聚會，特別是受邀去朋友家餐敘，那帶瓶好酒過去，自然是最佳選擇。既可以很快讓大家透過酒酣耳熱之際打開話題，更可以彰顯自己選酒的品味！

　　選酒之路，就我個人經驗而言，真的就是

喝出來的！

在下筆書寫這篇章時，在巴黎某間餐酒館的記憶突然浮現，那一天我正細細品嘗眼前的美味法餐，突然隔壁桌（法國餐酒館的用餐空間多半很小，座位也都很擠）的一位老先生對著我說：「你們亞洲人用餐都不喝酒的嗎？」

言猶在耳，直到目前為止，雖然臺灣愈來愈多法國菜或是歐陸餐廳，但用餐佐酒依舊是推動不太起來。原因很簡單，相較之下，我們的葡萄酒都是進口的，自然在餐廳點酒的價格也就會高些。反之，臺灣有臺啤，價格親民，自然也就很多人會在熱炒店點臺啤來喝，甚至是一手一手的點。

法式裸體本身，其實就是一種藝術的生活態度。

誰說法國人天生愛裸體

　　大家可以試著想像一下？假如你今天走出家門，要去搭捷運上班的途中，或許會經過一座美麗的都會小公園，小公園裡的某個角落有件裸體雕塑的藝術品；又或者下班後或休閒時光，帶著嬰幼兒到小公園散步，一旁就有幾尊可愛卻沒穿衣服的小天使雕塑，如果又碰到小朋友的好問期，你會怎麼告知小孩那些雕塑為何沒穿衣服？

當我們已經習慣於某都市中必然存在的社會意識語彙時，也許我們在臺灣的裸體形式會比較容易被解釋成「妨礙不良風俗」或「不當行為」，而在巴黎的「裸體」則會被解釋成「自然主義」或「藝術美感」等。

　　特別是當社會大眾反應出「噁心」或「不舒服」的群眾觀感時，針對某些人的「裸體行為」則會進行道德意識上的筆誅口伐。實際上，在21世紀的當下，許多社交網路réseaux sociaux的發展非常蓬勃，想要透過手機網路看到個陌生人的裸體已非難事。「裸體」已然變成了網路上「蹭流量密碼」的招數。

　　跟我今天所要講的「法式裸體」，兩者的目的性是不一樣的。在著手撰寫這篇文章之前，我一直想到我在巴黎讀藝術史的朋友跟我說的一件事。他說，有一回他們在上人體素描課時，請到了一位大概年約50歲左右的男體模特兒，重點是他們今天素描課所要求的肢體動作很難，畢竟那個把腳高高抬起的動作要維持好一段時間讓學生們畫，對一個有點年紀的男模來說，是滿艱難的。

　　我朋友說，在他畫這模特兒的時候，他有觀察到模特兒的腳在輕微顫抖，而且汗水都快把模特兒的站臺弄濕了一片，當下內心很感佩男模，覺得他

很認真的為藝術奉獻出他的專業。

我另一個在南法尼斯讀藝術的朋友，則告訴我他們有次上人體素描課時，來的是男女體模，而且在模特兒站臺上承現女坐男蹲的姿勢。素描課當天是風和日麗的下午，南法的薰風徐徐吹入素描教室，也順帶撩撥起女模的頭髮。在女模的頭髮細細波動下，男模的下體竟然起了生理反應。好不容易撐到休息時分，男模趕緊拿起毛巾遮起來，若無其事的休息，也很自然的跟女模聊天。

人體的裸露，其實是很自然的存在。

這些年，歐洲的夏天經常熱浪canicule來襲，許多原本就有裸睡習慣的法國人，更加順理成章的裸睡，畢竟他們家裡有裝冷氣的不多。而且，法國人一般來說，都是起床後才沖澡，睡前是不大洗澡的。也正因熱浪來襲，讓許多法國人也願意睡前沖個冷水澡，比較涼快舒服好睡覺。

透過個人旅居經驗與了解，歐洲氣候乾燥，如果常常洗澡會把身體自然分泌的保護肌膚的油脂洗掉，反倒會讓皮膚容易乾澀不舒服；冬天更是不能洗太熱的熱水，容易把身上的油脂統統洗掉，會造成更難過的冬季癢。

以前很多到巴黎或南法觀光的人，都會想說不

妨去體驗一下巴黎近郊森林或是南法蔚藍海岸附近的天體營，但又怕去了天體營自己如果不脫，會讓那些光溜溜的人覺得你很奇怪。對從小就生活在包緊緊的國家的人來說，要在陌生人面前脫光光，自然不是件容易的事，而且見到喜歡的異性或同性，又不該有生理反應（那更尷尬），乾脆就別自找麻煩了。

從小在藝術文學薰陶環境下長大的法國人或是巴黎人，他們從小在公園玩，旁邊就是一堆裸體雕塑，進到學校學習後，每周還要去各大博物館進行校外教學，學習他們過往歷史所留下來的珍貴美學遺產。裸體，便成了他們每天生活自然而然的存在，看久了、看多了也沒什麼。

開個玩笑，我們在臺灣，不也覺得鐵花窗很美?!而且鐵皮屋，不也是我們生活裡面很自然而然的存在?!

我最愛的薇薇安拱廊街

到底拱廊街是在賣什麼

　　還沒去法國留學居住之前，我在臺灣只知道
galery跟藝廊有關。但到了巴黎，看到巴黎歌劇院
旁的老佛爺百貨的法語是Galerie Lafayette，當下
只覺得法國的百貨公司就叫galerie吧！可是旁邊
的春天百貨就只叫Printemps。而且百貨公司的法
語是le grand agasin，而不是galerie。

從galerie這個字的源頭來看，就是有遮蔽物的長形通道。就我在留歐時期所去過的拱廊街，有比利時布魯塞爾大廣場旁邊的聖修伯特拱廊街Galeries Royales Saint Hubert以及義大利米蘭的艾曼紐二世拱廊街Galleria Vittorio Emanuele II。如果你也去過這些叫作galerie的購物天堂，你也許會發現一點共同特色，就是採光充足的鋼鐵玻璃屋頂，或像巴黎老佛爺百貨的那個美麗的新藝術風格圓頂。

　　像巴黎鐵塔、植物園溫室或是拱廊街的鐵框架採光屋頂等等運用到鋼鐵及玻璃建材的建築物，多半是西方工業革命之後的產物，也都是在19世紀萬國博覽會舉辦時期所建造的。這篇要講的巴黎三大拱廊街之一的薇薇安拱廊街la Galerie Vivienne，是我最常去也最愛的一條拱廊街。

　　住在巴黎的日子裡，往往假日沒事，就會去那邊走走。我習慣搭著公車出門，然後在羅浮宮附近下車，再往羅浮宮旁邊的Palais Royal巴黎皇家宮殿，然後穿過宮殿旁邊的小公園，走到宮殿後方的穿廊走出去。就會碰到柯爾伯拱廊街Galerie Colbert跟旁邊的薇薇安拱廊街Galerie Vivienne。我都覺得柯爾伯拱廊街的光采都被柯爾伯餐廳Le Grand Clobert給搶了，因為那餐廳太美了，讓旁邊的拱廊街遜色許多，正因為如此，

建議大家可以去這邊拍拍網美照，建築跟採光都很美，而且沒什麼人潮，愛怎麼拍就怎麼拍。

切入正題，來到一旁的薇薇安拱廊街就有趣了，我很喜歡裡面的一間茶屋salon de thé店名為「à priori曾經」，賣許多當日的手作甜點，配壺茶或咖啡，可以坐下來優閒的跟好友們大聊特聊消磨一個下午。法國時尚大師尚保羅高提耶Jean-Paul Gautier也曾把工作室設在這裡。我2017年回去看看時，很多店家已然改變，只剩我剛剛說的茶屋、餐酒館跟老書店還在。

整個拱廊街的氣氛仍然非常活潑，中午休息時分，很多附近上班族會來這裡的餐酒館用餐聊天。整條拱廊街內人潮算多，卻不影響人安靜閒逛的心情。應該是因為拱廊街的挑高設計有關。

總覺得這薇薇安拱廊街的魔力，除了地板上如茶壺般美麗圖案的馬賽克磁磚拼貼外，就是一種走入19世紀的時空感。

拱廊街兩旁的櫥窗，各自展現了店家商品的繽紛與特色，就算如Wolff&Descourtis那樣強調自我狂野個性的現代品牌，也靜靜的告訴你關於自然系森林裡如何狩獵時自我色彩的故事，完全與櫥窗裡的狼意象毫無違和。

拱廊底轉彎處的那家librairie vivienne art 老書店，永遠是熱愛藝術文化的文青朝聖地，從以前到現在都是。

其實不光這裡，剛剛我們經過皇家宮殿小公園的周遭迴廊，也都有很多精采值得大家探索的小店，當然具有特色的餐廳、咖啡館也是一堆。

跟逛百貨公司最大的不同是，拱廊街裡的這些知名小店多半不是連鎖品牌，而是非常有個性的年輕品牌。我們在閒逛的同時，不光是用目光瀏覽他們的創意與美感，也可以感受到他們店的年輕氣息與現場的古老建築是如何展現一種時代新姿態。

以前拱廊街，提供了上流社會男女購買異國情調的最佳場所，包括一些新奇的科學用具，包括航海羅盤、放大鏡、天象儀等等。甚至，還有些航海家們從海外帶回來的熱帶植物，也都會在拱廊街裡找得到。這點很像臺灣早期的進口舶來品街一般，如基隆靠近崁仔頂魚市附近的「委託行商圈」就是這樣的功能。

都是保留著昔日的建築，販售著過往的繁華時光！而在時間的洪流中，逐年輪流更替著比較能符合當下時代美感的店家。

維侯多達拱廊街 Galerie Véro-Dodat

不管你懂不懂詩，躺在樹下睡午覺就是浪漫。

皇家花園美在好睡午覺

　　我打從小就是個不愛睡午覺的人，到巴黎居住後，才發現我住巴黎的法國朋友們，包括教授、同學們，統統沒有人有睡午覺的習慣。我記得有次，我法國同學還問我，聽說你們亞洲人有睡午覺的習慣，那是因為被非洲某種蠅咬過類似的症狀嗎？我知道他是半開玩笑的在回。我回說，沒有，是因為我們亞洲天氣熱，特別是夏天的午后，讓人

特別想睡，應該說是跟西班牙人的午睡習慣類似。

有回，我去西班牙巴賽隆納旅遊，正開心的拿著ZARA的衣服去試穿時，突然聽到巴拉巴拉的一陣西語催促聲，就這樣，我們只好被迫把衣服隨便放，然後店的鐵門就這樣拉了下來。店員們接續走了出去，抽菸的抽菸，吃東西喝咖啡的往咖啡店走，有的想睡一覺的就直接往午休小憩的地點走去，睡上半個鐘頭。原本想要大買特買的我，一時錯愕只好改變行程，往碼頭的地方走去。

在巴黎的生活，我只有幾次在盧森堡公園 Jardin du Luxembourg看到有人在冬天乘好天氣晒太陽，然後因為太舒服而閉上眼睛休息，享受起周遭的美好。

盧森堡公園當然也是我住巴黎時，最常經過跟散步的地方。

寫到這裡，我的心裡浮現了在那邊經歷過的春夏秋冬所有回憶，包括公車送我上學，下車時地上濕濕的冬日清晨；還有某個午后，有個老伯伯跟一旁喝酒的醉漢起衝突，腳抬起來想踢對方，卻重心不穩摔倒，害咖啡館的男服務生趕緊去攙扶他

起來⋯⋯這種種的街角回憶，此刻正浮現在我腦海，畫面很好笑，很像街頭法式喜劇La comédie française dans la rue。

另一個我也很愛的公園，正是靠近羅浮宮Musée du Louvre與法國喜劇院La Comédie Française旁邊的皇家宮殿花園Palais Royal。如果你從羅浮宮那頭走過來，你會經過連我都不太會注意的皇家宮殿廣場，那個紀念20世紀的法國女作家柯蕾特Colette（注）所弄的廣場還比較吸引人，每次都有特別的裝置藝術在那。有次我還看到一個超大的劇作家莫里哀座椅擺在地鐵站Pyramides出口附近。

從羅浮宮那邊過來，進到皇家宮殿會先看到黑白石柱的當代裝置藝術。這個設計在榮耀殿堂la cour d'honneur裡的裝置藝術，是當代藝術家丹尼爾布朗Daniel Buron在1985的作品，取名叫作「雙柱之間les deux plateaux」的抽象意義，據說他意圖藉由柱子的高低差，破壞榮耀殿堂的空間透視感；也有種說法，是丹尼爾布朗透過柱子高低的差異排列，呈現抽象的海邊岩石感。

我則是覺得他不管要呈現什麼，我都覺得好像是西洋棋般帶點智慧感的童趣，更是引來了很多頑皮的觀光客們，站在矮一點的黑白石柱上拍

照。穿過迴廊，你會看到花園，而花園的兩旁有高聳的椴花樹，在椴花樹下有休憩的綠色躺椅。基本上，應該說公園兩旁有兩條椴花樹的林蔭道，右邊這條以女作家柯蕾特Colette命名，稱作allé Colette，而左邊這條，則以法國20世紀詩人畫家尚考克多Jean Cocteau命名（她生前的最後幾年就是在這裡度過的），稱作allé Cocteau。

下次大家去皇家宮殿花園時，不妨注意一下綠色躺椅上，是否寫上什麼值得大家省思的生活智慧語錄？整個花園有18張被噴寫上現代詩句的綠色躺椅，這18句詩句分別從柯蕾特與考克多的作品集中選出以外，還有16位活躍於20世紀文壇的作家的作品語錄。

不管你看不看得懂詩句，躺在這躺椅上或坐在躺椅上，都是一種浪漫。

特別是當五月椴花tilleul開時，那淡淡香氣迎風徐來，宣告夏天真正的到來，樹葉的綠更襯花的淺綠白與花蕊的黃。

有一年，我家人來巴黎找我，正值五月，我們帶我媽去皇家宮殿後方的柯爾伯餐廳Le Grand Colbert吃飯，在法國吃飯當然就是餐佐酒，一道一道來，一頓吃下來也是酒足飯飽。然後，一家人飯後散步到皇家宮殿花園。五月天，不冷不熱，太

陽不晒，我們各自找了張躺椅，躺下就自然睡去。安靜的午后，鼻息間傳來淡淡的椴花香，原來歐洲歌謠中的菩提樹下是如此好眠！

皇家花園很美，應該說巴黎的花園一年四季都會隨季節更替換花。五月時分正是花園裡的玫瑰盛開季節。紫色的馬鞭草也不遑多讓的滿開。說真的，法國的玫瑰色其實跟我們亞洲人想的粉色是不同的，那種玫瑰的粉有點沉重，並非夢幻且輕盈，反正就是跟Hello Kitty沒關係，是一種優雅沉靜的粉紅色。

對我而言，除了可以每年的五月在皇家宮殿花園欣賞各種玫瑰的美，還可以在椴花樹下破例的好好睡個午覺。

當然，這時候就要好好學習法國人，先去吃飽喝足，再來公園裡好好做個午安夢！跟著躺椅上的詩人作家們，一起夢遊文學詩句的美。

注釋：
柯蕾特（Sidonie-Gabrielle Colette, 1873-1954），法國20
世紀初期女作家，也是前衛的舞台工作者。1936年，柯蕾特榮
獲比利時皇家學院院士；1944年，《琪琪》（Gigi）一書出版，
1945年獲選為法國龔固爾學院第一位女院士，此時柯蕾特已
七十二歲。1948年獲得諾貝爾文學獎提名。1951年，她指定
奧黛麗赫本在美國百老匯演出由《琪琪》改編而成的《金粉世
界》（Gigi）。2009年，《謝利》也改編為電影《真愛初體驗》，
由蜜雪兒菲佛主演。身後留下73本著作，代表作有《克蘿汀》
（Claudine）、《感情隱退》（La Retraite Sentimentale,
1907）、《謝利》（Cheri, 1920）、《母貓》（La Chatte, 1933）
及《琪琪》（Gigi, 1944）等。柯蕾特享壽81，自言「人生就是一
個打破禁忌的過程」，為生計可在紅磨坊（Moulin Rouge）、
女神遊樂廳（Folies Bergeres）等歌舞秀場演出，也曾開設美
容院，同時於奔波忙碌的現實生活裡，仍然堅持寫作。不論工
作或感情上都曲折離奇，饒富傳奇色彩。其奔放洋溢的才華毫
不保留的在創作與表演中呈現。

去巴黎前，最好先練好腿力才能完全變成當地人的樣子。

逛巴黎最好先練好腿力

腿力這種體力活，不光是巴黎，只要你想到歐洲各大城市去走走，那絕對是要先做好行前鍛鍊的。

很多跟團去玩歐洲的人，一定免不了拉車拉掉很多時間。像我這種習慣自助旅行的人，往往回歐洲旅行時，都會希望是好好玩、慢慢逛的玩法，像

義大利或西班牙等不算熟悉的國家，我都喜歡搭火車旅行，覺得好玩就多住幾天，玩得差不多了就往下一個城市走。有時候，玩累了，想在旅店裡好好休息哪裡都不去，就任性的在旅店裡玩一整天歐洲食材，做一天飯！

2017年的那趟近一個月的歐洲行，隨走隨訂旅館的玩法，雖然很疲於搬行李，但也是跟著所住的城市而改變策略，比如佛羅倫斯我就一週換了三個住處；波隆納我則是住青年旅館，然後騎單車逛整個城市；米蘭跟巴黎那種大城市，我就選定一個不錯可以下廚的旅館，好好的休閒亂逛，去市場買菜回來煮著吃。

旅行，就是需要任性的玩法！
畢竟，途中的任何轉折都是驚喜，
更是日後想起來最美好的回憶。

有次我跟我的法語學生聊天時，我說：「你知道嗎？當我回到巴黎，我都是怎麼玩的?!」我很驕傲的跟他說，我每天睡到自然醒，然後慢慢梳洗，接著出門找間看起來順眼的咖啡館吃早午餐。接著，漫無目的、只有方向的走。我完全把自己當作巴黎居民，完全很奢侈的浪費旅行的時間。而且，因為巴黎的夏天天很晚才黑，我可以優閒的吃完晚餐再繼續亂走，等真正天黑再回住處。

而且我只買10張單程地鐵票，必須要用的時候再用。其實也不是省地鐵票的錢，而是覺得巴黎真正重要的景點多半集中在市中心，且巴黎地面上的風景才是最珍貴的旅行回憶，也唯有透過優閒慢慢的走，才可以聞到路上的花香，看到蔚藍的巴黎天空，當然還有街上好看的人們，這樣才能真正感受巴黎的風情！

　　如果以旅行跟居住經驗來比較，巴黎真的比較適合住下來，用心體驗它的春夏秋冬。但說真的，我是滿不贊成冬天到巴黎去旅行（雖然機票會便宜些），天氣容易既冷又濕，偶爾還會下雪（雖然對我們這種很少看到下雪的人來說，是滿美的，但那種冷又不是我們可以適應的。），而且要帶去的衣服也比較厚重，滿占行李箱的空間與重量。樹也多半光禿禿，空氣的蕭瑟感，讓人對巴黎的美少了些悸動，會只想躲在屋內取暖。更不想在路上走，興致會比其他季節少了一半。

　　如果你真心很不喜歡走路，那就趁冬天去吧！可以把時間多多花在室內，最好就都排購物跟吃喝行程，每天逛美美的百貨公司跟精品店，反正巴黎市區的功能分得很清楚，你純粹想要奢華享受的地點，只要在凡登廣場Place Vendôme周遭走來走去即可。那邊都是精品珠寶名店，而且離老佛爺跟春天兩家百貨也不算遠，附近許多好吃的餐廳

跟有名的咖啡館，還有Coco Chanel可可香奈兒女士住過的麗池酒店Ritz Paris也在旁邊。但說真的，逛來逛去的你，還是需要腿力的！

像你如果遇到精品打折時，如過新年後，那些在精品街Faubourg st. Honoré如愛馬仕Hermès的旗艦店會開始折扣，但現場會限制人數入店，你如果想要進店去購買或參觀，就要在冷風中排隊等候入場，當下也是需要腿力。我以前是不會去排這種時間，如果你能夠在某個精品店買到夠資格成為他們的VIP，那你會在他們開始折扣前收到VIP邀請函，提早進店去選你所想要的精品。

回想起我頭一回去巴黎自助旅行時，也是一連八天，走到晚上要把腳吊起來。每天都是行程滿滿的走，分區閒逛外，三大博物館如羅浮宮、奧賽美術館跟龐畢度中心必去，巴黎鐵塔也是既定行程。還有蒙馬特的白教堂跟小丘廣場。光分區探訪必去景點跟博物館，拍照吃飯跟休息，八天的行程滿滿只能說是走馬看花，後來連巴黎鐵塔就只有在底下瞻仰。

回臺灣還被我媽笑，人都到鐵塔底下了，還沒有爬上去?!我說，旅行雖然要玩好玩滿，但也要預留一個下次再去的念想（我不想說是遺憾，因為我最後有去踩了巴黎聖母院前面的原點，期許會再回到

巴黎！）。後來，我果然在努力賺錢後，決意來巴黎念書，完成自己想住在巴黎的夢想。

在巴黎的生活，每天走來走去，很自然的，因風景的美而訓練出來屬於歐洲腳程的腿力，也因為日常生活訓練出腳力，而可以看到更多巴黎以外的法國風景。

去巴黎前，趕緊開始訓練自己的腳力吧！

巴黎喜劇院前排隊等購買開演前優惠票的觀眾

週週省錢看戲劇表演

在法國唸書或居住最棒的地方，每周有看不完的各類戲劇表演。從我第一次去法國自助旅行的經驗裡去回想，我的學妹當時告知我，她手上有張巴士底歌劇院Opéra Bastille上演《蝴蝶夫人 madame Butterfly》的票，雖然位子不是很靠近舞臺，但是票價很便宜，可以進去巴士底歌劇院裡參觀還有聽歌劇。

欣賞歌劇的那天，白天我造訪了巴黎各個博物館，其實腳已經很痠了，晚上為了看歌劇，晚餐也不敢多吃，就隨便買個三明治吃一下。

當舞臺四周暗下來，我看到了舞臺的設計非常抽象，極簡的傳達日式庭園的概念，當蝴蝶夫人唱著纏綿悱惻的〈美好的一日Un Bel Di Vedremo（One fine day）〉的詠嘆調時，我們屏息聆聽整段感人肺腑的詞曲含意。難怪，歌劇介紹的本子也是抽象設計，非常適合在1989年才正式啟用的巴士底歌劇院中演出。

那次的自助行，給了我巴黎閣樓屋頂的星空與那一晚曼妙的歌劇，直到我回到臺灣之後，每每從桃園機場搭交通車回臺北的路上，就會從車窗看到臺北的夜景，然後想到巴黎的浪漫星空與那一晚普契尼Giacomo Puccini撕心裂肺的詠嘆調。

也間接讓我興起了留職停薪去巴黎求學的念頭。後來，也真的申請到了巴黎索邦大學La Sorbonne的現代文學系，但後來因為必須修習兩年拉丁文而作罷。

我緊接著改申請巴黎以醫學院出名的第五大學Université de René Descartes，這所大學在人文科學的成就也相當卓著，特別是語言學系方面

承襲瑞士語言學家索緒爾Saussure的理論。

當法語有些使用上的爭議時，我們系上的教授常常會被媒體邀請去電視上幫大家解惑。我也是因為這原因，決定去面試跟口試，所幸自己的語言程度還不錯，就順利進到這學校唸語言學系的雙語教學組。

當時，學校所使用的教室有兩邊，一邊是在索邦大學裡頭，另一邊是在醫學院那邊的教室，在聖日耳曼德佩Saint-Germain-des-Prés的聖父路rue st. père上，很靠近花神咖啡，所以每天都會經過雙叟、花神兩家超人氣的巴黎咖啡館。

在醫學院那邊的教室很有趣，有些頑皮的同學還會邀我一同去高一點的樓層探險，巴黎市區的房子通常不會太高，我們溜到五樓的解剖教室，走進去才發現這裡很多用「福馬林」泡的「肢解人體」，還有一些人的「臟器」等等。我來自非洲摩洛哥的同學馬三巴Massamba還小聲的問我說；「Levi，你會怕嗎？」

其實，我真的沒什麼感覺，只覺得自己彷彿偵探福爾摩斯來找線索般，沒什麼怕不怕的，倒是闖進法國醫學院的教室，感覺滿新奇的，一輩子難得的經歷。

後來幾次在巴黎觀看戲劇表演的經驗，也成了這輩子永難忘懷的印象。像有一年冬天，我去羅浮宮旁邊的法蘭西喜劇院La Comédie Française看莫里哀Molière（注）的喜劇《偽君子Tartuffe》，那邊長年都會有莫里哀的戲劇作品演出。

　　因為冬天，所以我穿著厚厚的長大衣去看劇，當然就會使用到劇院裡所提供的大衣置物櫃服務。來看劇的民眾，每個人身穿華服，只因天氣冷，外面都有大衣罩住，所以在大衣置物櫃前，紛紛展現出自己內在來看戲劇的優雅，而且你可以當下聞到很多名牌香水的味道。

　　那一晚我雖然是排開演前才釋放出來的便宜票，但很幸運的是，釋放出來的票是在二樓的包廂裡頭。我就跟著很多高貴人士們一起在包廂裡欣賞莫里哀的經典戲劇。

在又哭又笑又嘲諷的戲劇表演中，我跟著大家捧腹大笑，卻時不時聞到旁邊的婦人那塗得非常厚的粉味，是玫瑰味的，但不是很好且天然的玫瑰香，但已經成了我那晚最濃郁的記憶。

　　喜劇院也是個很古老的劇院，地點在羅浮宮與皇家宮殿旁邊，建於17世紀1680年，法王路易十四

還在世執政的時候。你進到裡面會感受到自然而然的皇室貴氣，有機會去巴黎也要進去看一下戲劇，感受一下純屬法國人對人世百態的幽默，只要你讀過莫里哀的劇作就能體會。

其實我去法蘭西喜劇院看過幾次戲劇，也是因為貪圖它裡頭裝潢的華麗貴族氣息，總讓我不自覺的陷入古代戲劇場景的幻想裡，想像著這邊包廂中的男爵用望遠鏡在偷窺另一個包廂的美麗仕女。另一個我非常喜歡且懷念的就是19世紀1875年開放的巴黎歌劇院，就在巴黎歌劇院Opéra地鐵站上來就是，或者從羅浮宮那頭走過來也不遠。

不過，這次進去看的是古典芭蕾經典作品《吉賽兒Giselle》，也是依照巴黎看戲劇表演的省錢潛規則，排開演前20分鐘才釋出的票。反正，開演中的休息時間，剛好可以好好的參觀巴黎歌劇院裡面華麗的裝潢，那一盞盞金碧輝煌的枝狀吊燈與大理石地板梁柱等，保證會讓你看到目瞪口呆，難怪不少戲劇影集或電視廣告，都會選擇在歌劇院裡那個如仕女胸前項鍊般的紅毯樓梯拍攝。

這次的經驗也很超值，雖是開演前釋出的票，我卻坐在超級靠近舞臺的前幾排座位，可以非常近距離的欣賞芭蕾舞者那超細膩的手部語言。

法國的芭蕾舞學校教育也是法王路易十四時創立的，因為他自己年輕時也是個熱愛芭蕾舞的舞者，你們看他的宮廷畫像，那個白色的包腳緊身褲legging與站姿，你們就能理解他也是受過芭蕾舞者的體態訓練的。現在網路非常發達，大家還可以從巴黎歌劇院的粉專，看到很多芭蕾舞者平日的訓練過程，也有開放給大眾來學習的基礎課程。

　　另外一提，在巴黎歌劇院看表演，頭抬起來，就會看到在表演廳的頂部，那華麗金邊框的圓頂裡頭，有著由20世紀超現實派畫家夏卡爾Marc Chagall的畫作，榮融合了《羅密歐與茱麗葉》、《崔斯坦與伊索德》、《魔笛》、《吉賽兒》、《天鵝湖》、《茶花女》等14齣跟愛情有關的故事。

大家有機會去看表演時，可別忘了在中場休息時間時，抬起頭來，好好找尋看看，自己看到了哪齣愛情故事？

注釋：
莫里哀（Molière，1622年1月15日─1673年2月17日）17世紀法國喜劇作家、演員、戲劇活動家，法國芭蕾舞喜劇的創始人，也被認為是西洋文學中最偉大的喜劇作家之一。著名的作品有《偽君子》、《吝嗇鬼》、《太太學堂》、《唐璜》、《憤世者》、《司卡班的詭計》等，和皮埃爾・高乃依與拉辛合稱為法國古典戲劇三傑。（資料來源WIKI）

巴黎的電影院每週都有精采新片上映

電影天堂片種百百款

　　對喜歡看電影的人來說，巴黎可以說是電影天堂。每周上映的新片不會只有好萊塢或法國片，還有歐洲其他各國，甚至是歐洲以外的各洲大小國家的片子。特別是電影節活動，一天幾場便宜電影看下來，你都有種不斷穿越在電影的「多重宇宙」感，從電影語言、拍攝手法到各國截然不同的文化，甚至是抽象創意！

當然，那種18禁的電影，在巴黎也是真的沒什麼，隨便回想就一堆。我還記得有次我在巴黎看過一部叫《羅曼史》（Romance,1999）的法國電影，裡面觀影的人多半是法國的年輕男女。有一幕，男女主角躺在床上，女主角對著男主角說：「tu es contre moi！你很不想理我！」然後就用手把男主角的生殖器從褲子裡掏出來口交。電影院的銀幕很大，那口交鏡頭也非常寫實。我旁邊的法國女生，很驚訝的叫了一聲：「oh merde c'est pas vrai 喔！幹，不會吧！？」

　　我當下的腦中也是出現三條線？誒，這不是你們法國人的日常嗎？只是現在導演把它拍出來而已。但其實，那部電影也是顛覆了當時很多法國人觀看電影的三觀。換成現在的社會潮流，鐵定也覺得沒什麼了。不過，電影的目的，除了細微反映了人生百態之外，也是從影片反射人性。社會學、心理學跟哲學都很強大的社會，其所能接受的電影，就更加的千奇百怪與五花八門。

　　我記得近幾年我在觀看NETFLIX影集《艾蜜莉在巴黎Emily in Paris》第一季時，男主角帥主廚加百利Gabriel的法國女友卡蜜兒Camille這麼形容巴黎：

「巴黎看似是個大城市，實際上只是個小鎮！」

（意指你走來走去碰到的人事物，大概都只是這些）」

　　的確，巴黎生活是如此，我有些修習電影的朋友，每天都窩在巴黎小鎮上的大大小小電影院裡。

　　像在我們學校拉丁區附近的Le Champo電影院經常可以觀賞到一些回顧的新浪潮電影。如果你對巴黎電影院有興趣參觀或是想體驗一下巴黎看電影的樂趣，那就不妨去參觀一下巴黎最大銀幕的電影院「Grand Rex Paris」體驗一下兩千多人一起看電影的震撼感。還有進去裡面像在停機棚裡看電影的「電影人電影院Cinéma des Cinéastes」，甚至外觀有如一顆巨大球體的「球幕影院La Géode」，位置就在巴黎十九區的科學城旁邊Parc de la Vilette維雷特公園裡頭。

　　我在巴黎念書的日子，每週三上午是我去看新電影上映的時間，而且票價是算早鳥票。我習慣從家裡6號線搭地鐵轉4號線到Les Halles的UGC Cité去看。當然，也是因為這裡會播好萊塢的片子，而且我會選「英語發音、法文字幕sous-titrage en français」的來看，可以邊訓練英文聽力與邊練習看法語字的速度。我的巴黎電影課，就這樣上了很多年。

　　很多法國新浪潮的電影也多半在巴黎把它補

足,而且也練就了我可以完全有耐心的欣賞藝術電影。近些年,法國還是出品了很多藝術電影或是內容比較特殊的電影,臺灣的影片代理商也有進,票房反正就是小眾,這些所謂的票房,倒真不是法國電影所在意的。每年在法國頒的凱薩César獎以及在南法坎城Cannes所舉辦的影展,照樣也是國際娛樂新聞的焦點。

在巴黎的電影院上映的電影,絕對是讓你目眩神迷,而且顛覆你的觀影經驗。這邊有很多電影來自你根本就不熟的國家,比如東歐國家的電影或是中南美洲、非洲等國家來的電影,在巴黎多如過江之鯽。

電影猶如旅遊一般,可以讓你透過電影的影像,間接認識並感受那一個國家的文化差異與社會思維。對法國人來說,電影的重要更如反映現實人生,是生命很重要的一環,不可或缺。

如果每天只有法國,他們鐵定會瘋掉!
這樣會無法擁有精采的社交生活。

每年的夏天,巴黎也會舉辦超大型「免費」的露天電影院活動,讓巴黎人可以到維雷特公園的草地上坐下來,好好欣賞,並享受夏日夜晚美好的優閒時光。真正看電影嗎?這點只是個約會的藉口,而且很多情侶也會邊看邊親,為彼此留下觀影的浪漫回憶。

當然，法國的影音平臺也是相當發達，但畢竟，喜歡省錢又浪漫的法國人，自然不能錯失或者白白浪費這約會的藉口。好處是，他們的夏天早晚溫差很大，戶外也比屋內涼，這幾年歐洲又有熱浪canicule來襲，大家也比較願意參加這樣的露天觀影的活動！

反觀我們臺灣，在以前戲院不多的年代，也經常會在廟口舉辦露天電影的活動，大家都會搬家裡的椅凳去坐在大銀幕前，一旁有很多攤販賣著小吃冷飲，還有坐不住的小孩跑來跑去，根本就無法真正專心看電影。

反正，這只是一種享受夏日夜晚的曼妙活動。

隨著影音播放平臺的普及，大家寧可窩在家吹冷氣、吃東西，享受家庭劇院般高級的影音設備，想再讓你回頭去外面讓蚊子叮咬或是滿身大汗的看免費電影⋯⋯

的確是，「再也回不去」了！

這間是專門幫助需要幫助的人所設立的慈善廚房。

巴黎冷，醉漢遊民卻不冷

「Je vous cherche quelque chose à manger！我去找些東西給你吃！」我在巴黎13區的麥當勞餐廳外面，聽見一個法國年輕人對著門口旁邊站著伸手要錢的遊民這樣說。然後他就進到麥當勞裡面，端了份套餐，把遊民帶到餐桌上，請他享用。我看到的當下，非常感動。畢竟，我們經常看到門口的警衛把他們這些乞討的遊民趕走，深

怕他們打擾正在用餐的客人。

在巴黎生活，的確也要學會如何面對隨時會
出現在身邊的醉漢跟遊民！

醉漢在地鐵裡也是巴黎一絕。冷不防，他就
會在醉醺醺、兩眼空洞的神態與嘴巴喃喃自語的
叨唸中，突然掏出他褲檔裡的「大寶貝」對著地鐵
的月臺灑體液。很多女孩們已經見怪不怪，自動讓
開，緩緩閃躲到月臺的另一邊。幸運的觀光客們，
如果恰巧夏天酷暑來到巴黎，就可以感受到巴黎地
鐵的臭氣沖天，酒味與尿味雜陳，多半拜這些醉漢
所賜。

無論醉漢或遊民，巴黎就是他們的家！公園或
塞納河畔，及便是熙攘人潮的地鐵，也是他家的廁
所。你去塞納河畔的橋墩下，也會看到很多遊民的
窩。這些景觀，已經是巴黎的日常。如同我們現在
在臺北車站前面或是龍山寺地鐵站旁邊，都會看
到很多街友一樣。有很多不為人知的過往，造成他
們今天的生活樣貌。不過，這出發點其實跟巴黎的
很不一樣。

每到冬天，外面天寒地凍的，巴黎市政府就會
出動小巴士去載街頭這些遊民跟醉漢，然後把他
們帶去收容所洗澡吃飯，深怕他們凍死街頭。有一
次我看到法國的電視新聞報導，過程很有趣，那些

街友以為警察跟社工是要來抓他們的，還跑給警察追，邊跑還邊說他沒有犯罪，他只是要錢喝酒。

其實，在我們學校附近的Mabillon站旁邊，也是Marché Saint Germain聖日耳曼市場對面，有間「Soupe Populaire慈善廚房」可以供這些無助的朋友有個吃飯的地方。

我的法國朋友都跟我說，他們要錢都是去買醉！

每當我在冬天遇到路上的醉漢，不管是在教堂外面，還是地鐵入口處旁邊，他們的鼻頭總是紅彤彤的，臉頰也是。我的法國同學就說，我如果好心給他們錢，他們就會去買酒，然後把自己喝到掛。

確實，在酒比可樂便宜的國度，買酒把自己灌醉，的確是比較容易。

所以，我同學的意思是，要就如同文章一開始的法國年輕人那樣，買吃的東西給他，讓他有一餐溫飽。給他錢，他鐵定在萬般思考下，還是會覺得買酒比較划算，反正是液體麵包嘛！

的確是這樣。你如果手上有5歐元（相當臺幣150元左右，巴黎麥當勞一份套餐多半要接近10歐元左右），說起來，算不上可以吃到什麼好食物，但5歐元卻可以在超市買到一瓶不錯的好酒。

很開心的，在巴黎13區的麥當勞Macdo餐廳還在，而且也變得比以前美。現在夏天還有戶外用餐區，賣的甜點還有可麗露跟國王派之類的。重點是，法國麥當勞的咖啡真的是好喝啦！完全是讓你覺得，值得在法國存活下去的優點。

巴黎是個生活層次非常豐富的地方，有些人活得很奢華，雖然是超低調的舉辦富豪派對，但也是紙醉金迷、驕奢淫逸到讓人無法想像；而有些人就是天地為家、一醉方休，富貴如浮雲。有時候，這樣兩極的生活型態，你只要往塞納河河畔一站，就可以看分明。說到底，都是種選擇！

而巴黎，就是提供這樣選擇的舞臺，舞臺上什麼樣的人都有，沒有人會對別人的生活感到奇怪，更別說是批評了！

所以說，巴黎冷，醉漢遊民卻活得不冷，而且開心自在。

巴黎的生活永遠急不得，大家凡事都講究預約。

步調放慢，凡事要預約

　　我每次看到臺灣很多知名法國網紅在公開的youtube影片上說什麼，他們有多愛臺灣，臺灣很便利、很自由、很安全等等生活狀況。我就在想一件事，如果你去過法國，不管是旅遊或居住，你都會碰到「服務很久」的店員。重點是，你也急不得，只能乖乖等候，就算是你只想買瓶水喝！而臺灣，

反倒是店員「逼你快點」，因為後面很多人排隊等結帳。

這一快一慢的差異，我剛去巴黎唸書居住時，調適了半年；等到從巴黎唸書回臺灣後，又調適了半年。還有一個最近大家吵得很夯的話題——「臺灣是行人地獄」，也是我剛從巴黎回臺時體會到的。巴黎的人行道很寬，離路上的車流很遠，萬一是像雙叟咖啡旁邊rue Bonaparte波拿巴路那樣不是很寬的馬路，只要有人經過，車子都要停下來讓行人先過，不然，駕駛人就會被法國人罵到臭頭！

凡事講求「慢步調」優雅的法國人，罵起人來比機關槍還快又狠！

別以為，法國人的優雅就是溫和沒脾氣。其實，大錯特錯！他們是大家守法度時要更顯自己的一派優雅，但政府不守法度時就集體上街頭。近期，為了政府強行通過延後退休法案，他們憤而上街示威抗議。對法國人來說，很多社會福利都是上街爭取來的，這也是法國大革命後最珍貴的民主精神。

所以，法國人的優雅與慢步調，源自對自己的尊重與對他人的尊重（你常常會碰到店員必須服務完你前面的客人，才會專心的招呼你。在咖啡館

也是，服務員必須服務完別的客人之後，才會過來搭理你），更是對法治精神的尊重。當然，他們不守法的司法案件也很多，趁半夜用直升機把人犯從監獄裡劫走的荒謬劇情，時而有之。

我剛到巴黎時，還不習慣他們的慢與凡事得預約（prendre rendez-vous）的習慣。後來習慣了，就知道他們這樣按部就班的做事習慣，整體來說，每個人會知道自己每天的事情安排，也比較容易了解自己什麼時候可以排長假！但對亞洲人來說，根本就無法圖個方便，更別說是「通融」了！因為，法國人不太吃這一套，你沒預約就沒預約，所以，銀行醫院等地方，都不是說去就去的。

除了銀行外的提款機，你可以隨時去領錢外，辦任何事情都是得跟你的銀行行員conseiller預約時間。醫院看病也是你必須事先掛號，沒有開放現場掛號，除非發生意外必須急診。反正，不光法國，德國或其他歐洲國家也多半如此，看病很麻煩。

也難怪，那些法籍網紅們都說臺灣很好，光「看病方便、健保便宜」就可以大大的滿足他們了。

說到凡事預約跟做事情的慢，相信很多跟法國溝通過的人都心有感觸。不過，反過來看，我以前

跟我法國同學一起做作業，他們的慢，正因為思考了很多事情的角度，然後理出事情脈絡與邏輯。所以，他們一次就到位，不會急匆匆的，在事情沒思考清楚前就做了，有時還得必須重來。當然，也有很多法國人是習慣拖拖拉拉的，甚至很推諉責任。

在法國生活，確實一天無法做太多事情，因為很多時間都已經安排好了。

如果我是上班族，大概就是上午回封客戶的信，開個小會。沒多久就午餐時間了。回辦公室就下午兩點多了，在忙著聯絡客戶等等小事情，忙一下上午開會的記錄與後續，一天7小時就過了。

離晚上八點半約會吃飯的時間還久，如果沒有跟同事去Happy Hour喝一杯，就是回家換套衣服，準備赴晚宴；或是去健身房運動，運動完回家隨便吃。一周35小時的工時，每天的事情也不會太多。

生活唯一的變數，應該就是「上下班的交通」。只要沒碰到「地鐵罷工」，應該也不會影響太多。以前我在巴黎教課時，家住南邊，我都要搭地鐵去北邊教課。還好都可以搭家長的便車回南邊，或是留在學生家裡跟家長們聚餐，晚一點才搭地鐵回家。

印象中，我只遇過一次非常非常大的地鐵罷

工。所有的巴黎人都走上街頭，我才驚訝的發現，原來巴黎人有這麼多啊！大家用走路或直排輪，還是騎單車、機車、開車等方式上班上學，比平常熱鬧許多，好似巴黎這齣舞臺劇裡，很多路人很快速的來來往往，大家的腳程與其生活的步調天南地北。

巴黎人生活很慢，但走路的腳程卻很快！

米其林餐廳預約要記得先付訂金，不然很容易被取消。

我喜歡從巴黎市政廳跟 BHV 百貨的這個方向進入瑪黑區

翻開巴黎地圖
講故事

Paris, je te parie
PART 2

結合美髮跟甜點的創意正是瑪黑區充滿年輕活力的地方

百無禁忌年輕時尚瑪黑區

建議景點：

市政廳Hôtel de Ville→BHV百貨→Place des Vosges孚日廣場→雨果的家Maison de Victor Hugo→馬氏兄弟Mariage Frères茶館→莫比桑青年旅店Auberge de jeunesse Maubuisson

在著手寫這一篇時，我特地多花了很多時間去逛逛臺北的西門町，跟巴黎的瑪黑區一樣，是當地年輕人及觀光客必訪的地方。

曾是巴黎城外的沼澤地，而現在是年輕且活力十足的時尚聖地，很多可愛的小店及異國風味的小餐廳。我習慣從市政廳Hôtel de Ville這邊走進去。就會先經過市政廳廣場（這廣場經常辦活動，冬天還會化身為市民滑雪場），然後從BHV巴詩威百貨旁邊的rue Rivoli希渥利街走進去瑪黑區。附近的地鐵站是Hôtel de Ville巴黎市政廳站。

我也會從另一個地鐵站Saint-Paul聖保羅站進去瑪黑區，如果從聖保羅聖路易教堂這邊進去瑪黑區，就可以先碰到四周都是十七世紀建築的Place des Vosges孚日廣場。廣場中間的騎馬雕像就是熱愛狩獵的法王路易十三，旁邊的草地在周末假日就是法國家庭的野餐地，視覺上很有趣，好像是在過往君王的庇佑下，百姓們過著祥和優閒、全家歡樂的日子。而旁邊也是法國十九世紀大文豪雨果的家Maison de Victor Hugo，他的曠世巨作《悲慘世界Les Misérables》刻畫著當時的人性與生活景況，就算現今讀來依舊讓人動容，其中的悲慘其實是反諷！

現代人的悲慘，則來自大自然的反撲！年年熱

浪來襲，已經逼得巴黎的餐廳咖啡館必須告訴你我們的空間是climatisé（有冷氣）。但我發現歐洲人真的滿耐熱的，他們就算流了滿身大汗也不為所動，照樣行動優雅自在，更不會一定要找有冷氣的餐廳用餐。網路上紅的小店外面一定很多人排隊，我上次就看到有間賣沙威瑪那種小店超多人排隊，對吃過北非肉腸merguez的我真的是敬謝不敏。

如果你喜歡喝西式紅茶的人，瑪黑區的瑪氏兄弟Mariage Frères茶館不妨進去參觀買茶或是坐下來喝茶吃甜點。

瑪氏兄弟的茶品牌創立於1854年，他這間茶館的設計以白桌布、奶黃牆面、棕櫚綠植、藤編座椅及古典木櫃等來呈現印度支那L'indochine的南洋風情，一進去就是賣茶的櫃檯，茶香四溢。相較於忠於茶種原味的英國茶來說，法國茶擅長調味，習慣透過調茶師的旅行記憶，幻化調合出各種屬於旅行記憶或生活感的茶味，如我喜歡的馬可波羅Marco Polo茶就是以熱帶盛產的芒果作為旅行記憶。

茶館裡喝下午茶最特別的地方，就是每張桌上都有本茶書，你可以從茶書上了解各種茶類以及調茶師如何調茶的思維，然後選擇出你最想要品味的茶。而甜點則是開放式的擺在餐檯上任你選擇，

當然也有午餐時間可以享用的鹹食。我在巴黎的日子都是習慣去這裡喝喝下午茶，然後在瑪黑區的小店閒逛，看看最近有沒有什麼新的流行時尚或有趣的人。

流行時尚，往往都是不經意的在街頭出現！比如現在大家流行染什麼顏色的頭髮，剪什麼樣的髮型？或是衣服怎麼穿？你走在路上，就可以看到各式各樣的可能。也許你就會看到某個跟你身形差不多的人，他的造型跟穿搭配色也許就可以成為你的穿著參考圖樣。

巴黎人對時尚流行，早就養成一種「獨一無二、充滿自我」的美感！

他們不太會出現像臺灣或亞洲，目前流行某種髮型就一堆人剪一樣的，或是目前大家流行穿寬版的，就一窩蜂的人穿寬版。還是要靠自己平常對時尚穿搭美感培養以及對自己身形膚色的了解。所以，在巴黎街頭，你只會看到超多讓人眼花撩亂的穿搭風格，復古前衛或是上個世紀的都有。在年輕人超愛的瑪黑區更是如此，你想像不到的奇裝異服這裡都有，而且有人穿在路上也不奇怪。

「完全作自己」，是我對瑪黑區的定義！

同志朋友們都可以在這裡找到志同道合的人，還有很多LGBT的酒吧可以公然開放的讓你認識

朋友,當然也有提供性趣盎然者的花招如綑綁等玩法的酒吧三溫暖等等提供給同志朋友們去玩樂。我們已經來到了21世紀了,把那些無聊的道德禁忌就留給過往的歷史洪流吧!

最可怕的人類,是那些不敢面對自己,卻習慣用非邏輯的雙重標準來要求別人的人,從政治範疇、精神宗教甚至到生活層面等,都有著這樣不想隨著歷史演進往前走的人。

奇怪的是,瑪黑區這樣充滿新奇百無禁忌的區塊,住著很多充滿保守思想傳統的猶太人,而且有五芒星標誌的猶太教堂。當然,還有很多好吃的猶太麵包專賣店。很多條狹窄會讓人有回到十七世紀錯覺的街道,你走在鋪著方正石塊的路上時,頭抬起來會看到古老的街燈。

這一區,還有僅存中世紀以來的木骨外露傳統Maison à Colombages老房子,現在也已經被改裝成莫比桑青年旅店Auberge de jeunesse Maubuisson。位置就在巴黎市政廳後面不遠的地方,相當靠近塞納河,在巴黎十六世紀的古地圖上都有記載著這附近已經有很多房子,依靠城門跟塞納河而居,已然不是當初的城外沼澤地了。

巴士底附近的小運河

日夜皆美中東風情巴士底

建議景點：

巴士底歌劇院Opéra Bastille→巴士底市集Marché de Bastille→阿瑟納港Bassin L'Arsenal→聖馬丁運河Canal Saint-Martin→北方酒店Hôtel du Nord→荷內杜蒙綠色走廊Coulée Verte René-Dumont→勒維亞迪克文創園區Le Viaduc des Arts

每個人都有專屬於他自己的城市地圖，
無論是當地人還是外地人。

當我最近在網上講到巴士底廣場附近的異國風情時，我印象中的巴士底異國風情是中東或印度風情的餐廳小店林立，五光十色的酒吧水煙館很多。每次同學們約喝酒，就會約地鐵8號線Ledru-Rollin這一站上來。一出地鐵站，就可以感受滿滿的年輕氣息，特別是晚上，白天倒是很安靜，只有餐廳跟咖啡館開著。

而我學生跟我說，他覺得那邊充滿了中南美拉丁風情，我想應該是都有，只是隨著每一代年輕人的喜好而增減，反正想擺脫法國的粉膩感，體會不用出國搭飛機就可以一秒到別地方的咖啡館或酒吧，那邊就是首選。

大家絕對會覺得很妙，但這就是人性，巴黎的環境再美，也還是會讓住在那邊的人想要往外跑，體驗別國的風情。我們常在臺灣聊著巴黎時尚，但到了巴黎，卻又看到了法國年輕人崇尚的時尚，莫過於來自非洲、中東、印尼、泰國、中南美洲或印加等地的風情，畢竟那種文化差異感就是時尚的養分。只是因為巴黎的時尚產業有著深厚的根底，足以把這些差異感轉化成精緻且帶動流行的美感。

年輕人喜歡旅遊，從世界各地的文化差異中

找尋自我的價值。在巴黎酒吧裡，如果你是個大門不出二門不邁的人，那你真的滿難跟別人打開話題的。除非，你剛好碰上一個來過臺灣的法國人，想跟你聊聊關於他來過的臺灣印象。不過，法國人似乎是比較喜歡去印尼峇里島、泰國或越南等地度假，不光近而且價格便宜，反正只要有沙灘把自己晒黑就滿分，就可以回法國跟親友們說嘴，如同中國大陸的說法，就有了茶餘飯後的談資！

我們如果想白天去巴士底歌劇院附近走走，那你可以先選擇那廣場旁邊很熱鬧的假日市集。雖然已經很多網紅、部落客介紹過這裡了，但對於我這種住過巴黎的人來說，這市集的規模的確是滿大的。從各類食材、熟食烤雞、生猛海鮮到鮮花或衣物日用品等一應俱全。除非你來巴黎的時間夠多，像我就挑一天專程起早前往，買些農場雞蛋，還有臺灣看不到的高級法國馬鈴薯夏洛特 Charlotte，它長得很像長長的小豬腰花，然後再買四分之一 un quart 烤雞。這裡的法國麵包也是一根根露天裸賣喔！完全是臺灣看不到的麵包賣法。

有了法棍麵包、香料烤雞、夏洛特馬鈴薯，再去超市買瓶白酒，買顆洋蔥，就是回到居住旅館最棒的午餐了！我習慣挑選有廚房的旅館，方便自己偶爾想下廚的欲望。

如果你怕買了東西還要拎著閒逛，那就放棄假日市集的行程。可以到附近的阿森納碼頭Bassin L'Arsenal晃晃，看看停泊在那邊的美麗小船。其實你在巴士底地鐵站的月臺就可以看到它了。夜景也很美，因為港邊的堤岸都會打燈，可說是白天夜晚拍照都很美的地方。

然後它算是接著巴黎知名的聖馬丁運河Canal Saint-Martin。這運河全長4.6公里，在1825年完工，當初是法皇拿破崙一世下令為了從巴黎郊外運送物資、乾淨用水所修建的運河，也跟巴黎的下水道工程有相當大的關係。在電影《艾蜜莉的異想世界Le Fabuleux Destin d'Amélie Poulain》出現過的那座綠色鐵橋，也正是水位交替處。

說到這，我的聖馬丁運河記憶是跟著沿岸的椴花樹tilleul結合在一起的。每逢初夏的周末，我就會去運河那邊走走。對巴黎生活習慣的人來說，每天走個一兩公里都很正常，沿途欣賞風景慢慢走，完全不會累。我喜歡運河畔有著北方酒店Hôtel du Nord（他目前一樓是餐廳咖啡館，也是老巴黎人的共同回憶，因為一部Hôtel du Nord年的同名電影，中文片名為《北方旅館》）的那段，也是我最熟悉的地方。堤岸旁有書店、閒聊的年輕人、以及隨風飄來的白色椴花清香，我通常都會走到傍晚才離開。

有時，我們會從地鐵8號線Ledru-Rollin站上來，然後往南走，會先經過荷內杜蒙綠色走廊Coulée Verte René-Dumont感受一段清新綠意與花香，然後走到勒維亞迪克文創園區Le Viaduc des Arts那座如同拉丁拱橋的紅磚建築。

　　它以前1859年到1969年期間曾經是條連結巴黎Paris—巴士底Bastille跟穿過巴黎東邊凡仙Vincennes地區的鐵路高架，火車在高架上跑（現在鐵軌拆掉後改成綠廊），車子在高架下走。現在也就轉身變成一座大型的文創空間。相較於臺灣目前的文創空間發展，這算是我上世紀末在巴黎接觸到的第一個文創空間，當時只覺得新奇，還把這個地方當作巴黎生活樂趣的新去處。

　　畢竟看久了巴黎強調過往老歷史的博物館而言，這個地方算是還滿新的創作基地。這些年我陸續回巴黎的經驗，這裡也已經從1990年的巴黎手工藝創作中心轉身成為現在擁有50多位藝術創作者的工作室以及年輕人很愛的Le Viaduc Brasserie酒吧咖啡館。很多人喜歡假日午後來這裡放空，在綠廊上走走，最後到咖啡館坐下來喝杯咖啡歇歇腳，這完全可以說是巴黎人的日常。

附帶一提：聖馬丁運河有遊艇解說行程可以參加，如果你不想走。

當學生時很愛來聚餐的布列塔尼薄餅餐廳

宜古宜今藝文爭豔拉丁區

建議景點：

偉人祠Panthéon→索邦大學La Sorbonne→克魯尼博物館-國立中世紀博物館Musée de Cluny - Musée national du Moyen Âge→克魯尼薄餅專賣店Crêperie du Cluny→轉角小公園Square Samuel Party→呂特斯競技場Arènes de Lutèce

巴黎拉丁區應該算是我巴黎最熟的一區，畢竟申請、註冊、入學、上課、印資料、演講、跟同學討論功課，還有學校圖書館都在這裡。很妙的是，我每天搭公車上學，公車27路都會從Rue Gay-Lussac轉到Boulevard Saint Michel聖米歇爾大道，左邊就是盧森堡公園，公車下車處往前走一點就會經過斜坡路面的

　　Rue Soufflot蘇孚羅路，路口就可以仰望到高處的偉人祠Panthéon。

　　在我還沒解釋拉丁區的發展史之前，你不會了解為何我用「仰望」這兩個字。

　　因為這裡，在羅馬統治時期曾是座叫作聖珍妮維爾芙山Mont Sainte Geneviève的小山丘，聖珍妮維爾芙是巴黎的守護神，所以也算是巴黎的守護山。不管你是從盧森堡公園這頭或是偉人祠後面的Rue Mouffetard穆浮塔路那頭走上偉人祠，你都會有一種爬坡的感覺，雖然坡度因路面平坦而不覺得有何陡峭。

　　其門面仿照義大利羅馬萬神殿的偉人祠，裡頭紀念著很多法國文豪、思想家，如雨果、伏爾泰等。還有19世紀的物理學家傅柯Léon Foucault在偉人祠圓頂下擺放供人了解「地球自轉原理」的金

色球擺Le Pendule，《傅柯擺》一詞我最早也是從我喜歡的義大利作者安伯托艾可Umberto Eco的書名中得知的。

我們沿著聖米歇爾大道往下走，右手邊就會看到巴黎索邦大學La Sorbonne的建築，學校前面的廣場上的咖啡館是很多觀光客最喜歡駐足的地方，畢竟沒事感染一下學術氣息也不錯。從12世紀就在拉丁區建校的巴黎索邦大學，當然也會要求學生們必須修習拉丁文，做為研究文學、藝術、文化、宗教，甚至是語言學的基礎。我雖然從現代文學轉而攻讀語言學，卻也逃不開了解拉丁文的命運。畢竟拉丁文就算是現在，依舊存在歐洲生活的各個角落，包括在歷史典籍、歷史建築，包括歐洲人日常所說的語言裡頭。

在索邦大學建築裡面的索邦大學圖書館la bibliothèaue de la Sorbonne也是我最常看書找資料的地方，圖書館門口有兩尊非常重要的法國歷史名人——文學家雨果跟化學家路易巴士德。進圖書館前看到他們兩位真的會肅然起敬。因為學問而偉大，影響近代很多事情。

我們沿著索邦大學門口那條路從再往前走一

點，就可以到充滿中世紀拉丁文化的克魯尼博物館-國立中世紀博物館Musée de Cluny - Musée national du Moyen Âge。裡頭有以前羅馬人談政治、聊家常的羅馬浴場遺址，還有獨一無二而且說起來很神奇的大型藝術品《仕女與獨角獸La Dame à la Licorne》掛毯畫；由6幅從15世紀末到16世紀初算是文藝復興時期作品所組成的大幅掛毯牆。每一幅各代表著當時仕女的五感——《Le Toucher觸》、《Le Goût味》、《L'Odorat香》、《L'Ouïe聲》、《La Vue色》，最後一幅《À Mon seul désir我唯一的願望》則由仕女觸摸著自己的珠寶，我猜那也許代表著自己的財富吧！

我習慣走博物館旁邊的學校路Rue des Ecoles，避開如聖日耳曼大道Boulevard St. Germain des Prés那種喧鬧的大路，在寧靜且沒什麼人的小巷僻弄中穿梭，也是巴黎閒逛的樂趣。

其實拉丁區除了是學術氣息濃厚的學區外，也是各種異國料理餐廳的匯集地。我在巴黎念書的時期，都會跟同學相約克魯尼薄餅專賣店Crêperie du Cluny吃布列塔尼的傳統薄餅當午餐，但我們都是點鹹的，也就是用蕎麥sarrasin做的那種，裡面有火腿片跟起司蛋的那種，當然要配一杯蘋果酒cidre解膩，一群人很難得相聚七嘴八

舌的閒聊個人生活跟自己的國家，在巴黎人的異國風情餐廳。

　　沒錯，屬於法國「天龍國」的巴黎人，對巴黎以外的地方就是他們心中所謂的外省Province或外地，所以巴黎以外的外省食物，對他們來說也很特別。拉丁區很多希臘串烤、土耳其甜點、日本料理、美式、泰國跟亞洲菜餐廳，當然也有很多法國各地的傳統菜。我是從來沒去希臘餐廳吃過，卻總是在路過餐廳門口時被摔盤子的聲音嚇到。這裡已經離美國作家海明威Ernest Miller Heminway在巴黎回憶錄《流動的饗宴》一書中所寫的莎士比亞書店Shakespears bookstore不遠了。但那邊觀光客超多，根本不會是我會走的路線，反正第一次來巴黎有去過就好。

　　我們沿著學校路走，在離克魯尼博物館-國立中世紀博物館不遠的一個轉角小公園Square Samuel Party會看到羅馬城市起源的傳奇故事《母狼餵雙子Louve de Romulus et Rémus》（注）的銅雕，還有右腳的鞋尖被遊客摸到無敵油亮的法國16世紀哲學家蒙田Michel de Montaigne，他同時也是文藝復興時期的旅遊作家。

有種說法，法國學生在考試前會去摸摸蒙田雕像的右腳尖，據說會帶來好運，是不是真的我就不知道了？

繼續往前走就會碰到蒙莒路Rue Monge然後右轉，沿途的小餐廳很多但多半沒什麼人，就在某個轉角處你會看到一個小小的指標，你若沒留意就會錯過的指標——呂特斯競技場Arènes de Lutèce。我知道只有我這種對歷史追根究柢的人才會來這裡看看巴黎的羅馬遺跡，特別是在去了趟羅馬之後。你很難把這裡的寧靜跟過往的繁華喧鬧競技場相比，同樣的土地，卻因時代不同而有著不同風情。

就像你也很難想像，這片以聖珍妮維爾芙小山丘延伸出去的拉丁區，竟然培育了很深厚的法國文化。晚上的拉丁區有著另一種風情，觀光客也很愛來這裡吃飯聊天，聽街頭藝人演唱。

說起來，法國的文學風潮也是從街頭遊唱詩人Troubadours開始的。
在拉丁區演唱，自然讓人更有感覺。

注釋：

羅馬神話中的一對雙胞胎――羅穆盧斯Romulus與雷穆斯Remus。兄弟二人為了誰能獲得當地神的支持、給新建的城市命名的問題爆發激烈衝突，雙方掀起爭戰，結果羅穆盧斯將雷穆斯殺死。奪權後的羅穆盧斯還創立了羅馬元老院，成為古羅馬最大的征服者，而羅穆盧斯死後他被提升為象徵羅馬人的神奎利努斯。相傳羅馬源於他們的名字。（資料來源wiki）。根據羅馬神話，這對兄弟為女祭司西爾維亞（Rhea Silvia）和戰神馬爾斯（Mars）所生，他們出生後就被丟到台伯河，河神引導他們兩個到沼澤旁的無花果樹下，被母狼飼養長大。知名的《母狼乳嬰》（Lupa Capitolina，收藏於羅馬卡比托利歐博物館），即是將這段神話形象化的藝術品。（資料來源／ETtoday新聞雲/20200225/165340）巴黎的Square Samuel Paty也樹立一座《母狼餵雙子Louve de Romulus et Rémus》雕塑。

盧森堡宮原來也是尊重原本的居所主人而命名的

優閒寬闊清新盧森堡公園

　　巴黎，總是如此，初來乍到的秋雨，瞬間趕跑
了夏天的酷熱。想起初次造訪巴黎的自由行，跟後
來決定到巴黎念書的第一天，都剛好選在秋天的
季節。第一趟的巴黎自由行，透過大學學妹的介紹
與對巴黎生活的嚮往，我到Rue de Seine跟Rue
de Buci的轉角處一家香料烤雞攤（現在的位置
已經改成PAUL麵包店了）買份烤雞，然後到附近

的超市買瓶酒跟一些義大利產的綠葡萄或其他水果，當然還要帶根法棍baguette走到盧森堡公園Jardin du Luxembourg裡野餐。

這已經是上個世紀的回憶。而從巴黎回來這幾十年我也陸陸續續找機會回去。發現在Rue de Buci上的早市Marché de Buci布希市場還在，對住在聖日耳曼德佩大道Boulevard Saint-Germain des Prés這區附近的老居民來說，可以找到很多外地來的農產品乳酪水果，雖然旁邊很多店面超市也都有賣。但這是種傳統生活的美好記憶，逛市集看看外面運進巴黎的貨物，跟逛超市還是有區別的。

我喜歡巴黎最大的地方，就是這城市萬年不變的包容與堅持。它可以每天有新鮮事發生，但也幫一些當地的居民保留住跟以前生活的記憶連結。這就是對文化的尊重，也是在這樣具有藝術文化涵養的大國才會有的事。

帶著烤雞、葡萄酒跟法國麵包，走入盧森堡公園裡，隨處找張綠色長板凳野餐起來。我最經常從葛路薩克門Porte Gay-Lussac走進公園，兩排筆直的印度栗子樹，葉子已經開始慢慢從翠綠延伸出泛黃與紅褐色，它們以初秋的顏色來迎接我這旅

人。沒想到我這個自由行的旅人，會因為愛上它而選擇放棄在桃園機場的工作，來到巴黎度過將近四年的學生生活，而且看盡了盧森堡公園的春夏秋冬。我還在某年巴黎大雪後，看到公園中心的大水池Grand Bassin結冰。

以前念書時，早上都會經過公園旁，下課後也會去公園小憩，周末假日沒事也會到公園走走。我記得我有個法國朋友在找到法航工作時，也約我在盧森堡公園這邊見面，我們進公園後在公園裡的咖啡吧喝咖啡聊天聊未來。他跟我說他現在覺得很幸福，因為他不用擔心未來的生活了。我當下其實很好奇，想說不過是在巴黎戴高樂機場的法航當地勤，不至於有這樣的感受吧！當然，以他以前都在飯店當櫃檯，老婆在免稅店當店員，確實他能找到這工作應該很開心的。

就在跟他聊得差不多，我們彼此說再見，在葛路薩克門分道揚鑣各自離去後。我突然看到在公園鑄鐵圍籬旁，有個穿著非常得體的西裝男士，似乎受到極大的精神挫折，對著空氣大罵，他的眼前沒有人，聽起來似乎是突然受到公司資遣或是什麼。在聽完朋友的幸福消息後，我竟然馬上親眼看到聽到這樣的人，想想法國人的職場壓力也是挺大的，要安然做到退休很不容易。

跟盧森堡公園有關，遭遇也滿慘的人，還有法國歷史上的著名法王亨利四世的皇后瑪麗麥地奇Marie de Médicis她一直被他兒子路易十三流放，最後在德國科隆離世。這座為她蓋的盧森堡宮，裡面收藏了很多她的遺物，當初她也是為了蓋這座宮殿把盧森堡公爵趕走，請建築師把原本公爵的宅邸仿照她的故鄉義大利佛羅倫斯的彼提宮（Palais Pitti）來打造。

我以前還在想，明明就是法國的宮殿為何叫盧森堡宮？為了滿足瑪麗皇后的思鄉情切，建築師還在花園裡弄了座文藝復興式的麥迪西噴泉。花園裡還種了很多從義大利移植過來的柑橘檸檬樹。

　　盧森堡公園會讓我很喜歡的地方，就是公園裡的花圃各類繁花盛開，而且隨四季更換，樹林的林相也很豐富，難怪在裡面散步，除了鳥語花香外，風吹過來的樹也有香氣。上網查一下，公園裡很多樹都是上百年了，還有13世紀跟17世紀就在這裡的。周末除了很多人會在這裡的草地野餐外，天氣好時，更有人會躺在綠色鐵椅上面睡覺，享受珍貴的陽光。

　　我有時會看到爸媽帶小孩來公園玩，夏天時，大水池的中間有鳥屋可以讓野鴨鳥棲息或吃點東西，有攤販會租小船給小朋友玩，小朋友會拿根

木桿子,用木桿子在池畔推動池裡的那艘租來的小船走,爸爸在一旁看著,媽媽則看著她的閒書,很多巴黎人的周末都是在公園度過的,我也是。我也很喜歡走在公園裡的沙土地,聽著腳底磨出沙沙沙的聲音,沿著兩排高聳的栗子樹中間走向圍著大水池的高起如馬背的花臺,感覺天空很遠很藍,日子可以走得很遠。

我原本以為日子可以走得更遠的,但記憶似乎只願意留在盧森堡公園的春夏秋冬裡頭。即使我回臺灣後,生活離巴黎愈來愈遠,但我卻在每次回巴黎後,所做的第一件事,就是回到盧森堡公園走走。

不管你人生遇到什麼事,只要彎進公園裡,隨意晃晃,或是坐下來,隨手從身上的袋子裡拿出一本書,或是手上拿著一杯咖啡,點一根菸抽一下,一切都會不一樣,這公園就是會有這樣的魔力。

也正因為如此,我爸媽去巴黎看我的那一次,我請他們兩個在公園裡拍了張照。那是我記憶中,爸媽再次讓我感覺到他們許久未見的幸福。直到寫到這裡,我還是可以感受到他們在天堂裡的微笑。

巴黎左岸聖日耳曼大道上，最經典人文時尚的花神咖啡館。

新時尚戰區聖日耳曼德佩

建議景點：

聖日耳曼德佩教堂Eglise Saint-Germain-des-Prés→漢納路Rue de Rennes→聖須畢斯教堂Eglise Saint-Sulpice→甜點專賣店Maison Mulot米羅之家→奧德翁劇院Odéon Théâtre de l'Europe

現在看到的聖日耳曼大道那一區很時尚，但開始愈來愈多時尚品牌進駐也是在上一個世紀末的時候。我記得我剛到巴黎念書時，這一區最夯的是聖日耳曼德佩Eglise Saint-Germain-des-Prés教堂前，那幾間觀光客最愛朝聖的咖啡館如花神Café de Flore、雙叟Les Deux Magots或是波拿巴路Rue Bonaparte那間存在主義大師沙特與《第二性》西蒙波娃家樓下的Le Bonaparte咖啡館。大家總覺得在這些咖啡館裡坐一坐，就能感同身受當時這些作家、哲學家們的所觀所想。

那時候，我猶記得花神咖啡跟雙叟咖啡館之間有間滿有格調的書店，總覺得這一區充滿人文氣息，走在路上，即使拿根法棍都特別有巴黎味。畢竟臺灣那時候很流行一個電視廣告「左岸咖啡館」。對！這一區就是塞納河的「左岸Rive Gauche」，也是20世紀初法國人文科學鼎盛時期的薈萃之地。現在你會看到雙叟咖啡館旁邊有間很大間的Louis Vuitton路易威登，也是後來才開的。

早期很多觀光客都會跑到香榭大道Champs-Elysées上面的LV去買，而且店外會有很多跑單幫的人會希望你幫忙買，因為LV的規定是「購買額度

限一人一件」，如果你幫那個人買，他會給你一堆現金，但你不知道那是真鈔還是假鈔，最好別幫忙。我以前還認識某LV的法籍經理，他每次跟我喝酒吃飯都會很好心的拿LV季度最新品型錄給我參考，我都會笑笑的回他說：「不好意思！我從沒愛過你家商品。」

後來雙叟咖啡旁邊這家LV開了之後，我都會帶我家人朋友去這家購買。我的採購原則是，先看一下櫥窗擺出來的季度新品，然後用法語詢問店員某新品全球有幾件？目前剩幾件？問清楚後，如果價錢合於預算，而且家人朋友也喜歡，那就請他們買下來。畢竟，每人限額一件，要買就買不會撞包的新品啊！而且很多款式都是當年當季才出的，不光限量而且不見得會再出。

當時，從LV跟一旁的Prada然後花神咖啡旁邊的Max Mara跟知名男裝品牌法頌Façonnable，背對雙叟咖啡過馬路到對面，沿著漢納路Rue de Rennes也是很多精品或如agnès b.之類年輕設計師喜歡的服飾店。站在漢納路上就可以看到遠遠的蒙帕納斯大樓Tour Montparnasse。

有幾次巴黎地鐵大罷工時，我同學從蒙帕納斯大樓那頭沿著漢納路走到聖日耳曼大道，他說沿

路欣賞美美的櫥窗，一下子就走到了。

我近期回巴黎的經驗是，我從聖日耳曼大道沿著漢納路往蒙帕納斯方向逛過去，然後左轉過馬路走到聖須畢斯教堂Eglise Saint-Sulpice前的廣場。我去買了教堂附近很多人排隊的法國大師Pierre Hermé甜點店的甜點到廣場上，找張椅子坐下來享用。巴黎因為氣候乾爽，在路邊吃甜點喝咖啡，其實也很享受。

一旁的教堂也是電影《達文西密碼》拍攝地，裡面最值得看的是歐仁德拉夸Eugène Delacroix的三幅聖天使Saints Anges畫作，德拉夸博物館也在波拿巴路Rue Bonaparte附近。你進羅浮宮博物館參觀，就會看德拉夸那幅超大的知名畫作《自由領導人民La Liberté guidant le peuple》。

畫中那位戴著象徵自由民主Phrygian Cap弗里幾亞無邊便帽（也就是2024巴黎奧運吉祥物的原形）的自由女神瑪麗安娜Marianne，也是後來美國紐約港自由島上自由女神的原形。

順帶一提，德拉夸被稱為浪漫主義的畫家，可是他的畫風卻挾帶著非常重大的歷史意義，跟我們現代人所想的浪漫定義有落差。就像我之前講

的，法國偉大的文學家雨果，他的文學作品充滿了社會現狀的反諷，也被定義在浪漫主義。

我習慣從聖須畢斯教堂旁邊的那條小路離開廣場，沿著Rue Saint-Sulpice聖須畢斯路走，會看到巴黎第一家MUJI無印良品，我其實沒有很愛，畢竟在這一區可以選擇的巴黎平價小店很多。我突然想起來我同學以前住在這一帶，他住的就是巴黎到處都看得到的歐斯曼時期建築。隔音不好就算了，冬天還超冷，窗戶外的冷風還會溜進來，地板踩起來也是嘎嘎作響，很有歷史也很不舒服！

從看過他住的地方後，我完全不會羨慕他住在聖須畢斯教堂附近，雖然外面看起來很美，但裡面的內裝真的很考驗人性，特別是準備考試前的冬夜。

我經過無印良品後，就會再穿過一條巷子走到Marché Saint Germain聖日耳曼市場。這市場以前就是美式服飾的購買地，舉凡Guess跟Gap等美國品牌都在這裡，現在當然變成日本的Uniqlo優衣庫跟Apple蘋果3C產品等賣場。還好我最愛的「甜點專賣店Maison Mulot米羅之家」還在，還是可以進去吃個法式甜點搭配一杯咖啡，如果逛累了剛好要歇歇腳。

休息完，我們也已經很靠近聖日耳曼大道了。我們可以走到Odéon奧德翁。如果你是個咖啡迷，巴黎的第一家咖啡館Le Procope普羅可布咖啡館你絕對不能錯過。我建議你從Cour du Commerce Saint-André聖安德列商業廊街走進去，裡面別有洞天，一樣可以進到咖啡館裡。

我的個人看法是，巴黎的咖啡館是喝裝潢所營造出來的氣氛，你如果知道這咖啡館的歷史，你就會了解當時的咖啡品味，說穿了，就像是給上流社會的人們欣賞的表演。

跟奧德翁劇院Odéon Théâtre de l'Europe曾經就是十八世紀法國貴族們的休閒喜好場所，1782年時還由路易十六的皇后瑪麗安東妮揭幕，1784年劇作家博瑪榭（Pierre-Augustin Caron de Beaumarchais）有名的喜劇《費加洛的婚禮Le Mariage de Figaro》在這裡首演。

喜歡看電影的人也可以抽空去Odéon MK2看場電影。充滿學生氣息的地方，就是會讓你有種回到學生時代該做什麼事的感覺。

以前為迎接萬國博覽會觀光客而建的車站後來變成奧賽美術館，現在也將迎接2024年巴黎奧運的觀光人潮。

畫廊齊聚奧賽美術館附近

建議景點：

波拿巴路Rue Bonaparte→法國美術學院Ecole Nationale Supérieure des Beaux Arts→奧賽美術館 Musée d'Orsay→奧賽美術館餐廳Restaurant du Musée d'Orsay→樂蓬馬歇百貨Le Bon Marché Rive Gauche

以我在巴黎閒逛的習慣，我會從波拿巴路Rue Bonaparte開始走起，畢竟這條很多法國名人畫家都在他們活著的時候居住或閒晃在這裡。這條路鐵定有其不可忽視的魅力。

我們學校的某個校區剛好附近的聖父路Rue des Saints-Pères路上，對巴黎的學生來說，在不同校區穿梭上課是很正常的。我們都開玩笑說，整個巴黎市區就是我們的校園，校園裡有咖啡館、書店，甚至公園廣場，都很正常。

所以，一拿到上課的課表，你要先搞清楚這堂課是在哪個校區哪間教室上課，跑錯地方或找不到教室的學生，大有人在，連法國同學也不例外。所以，法文程度尚可的我，必須經常借筆記給找不到教室的法國同學。我記得我有個同學找不到教室，她竟然索性就逛起街來了。她就跟我說，她發現從波拿巴路到聖父路還有高中會考路Rue du Bac這一帶有很多藝廊。我說：「對啊！還有很多藝術家的工作室。」

有次，我印象非常深刻，我去波拿巴路上某個法國風景攝影師的家拜訪，那天晚上喝到很晚，她說她老公經常要很早起去等巴黎塞納河上最美的清晨光影。她家就剛好在波拿巴路靠近塞納河畔的地方，當初找到這房子也是因為方便拍

攝。她說這區的藝廊跟工作室很多，也正因為文教氣息濃厚，加上法國美術學院Ecole Nationale Supérieure des Beaux Arts在這邊。

這邊的地段房價是滿貴的，租金當然也不便宜，我就記得我有個跟我學法語的臺灣人，他是這間美術學院的學生，他就說這邊的房租太貴，他就只能住在郊區。我那對法國攝影師夫婦應該是經濟狀況跟收入也還算不錯，可以住在這一區。對喜歡藝術的人來說，這一區也很好逛。各家藝廊所呈現的風格很不同，有些展出很現代的作品，而有些是骨董藝術品或是知名的畫作收藏。

還有專門收集早期的海報、名信片或是其他舊書籍的，堪稱是個挖寶聖地。如果你只是閒逛，逛完一圈也多了藝術涵養跟眼界，走起路都會覺得自己很有巴黎藝術氣息。

當你走到快到塞納河畔，左轉一直走就會到奧賽美術館Musée d'Orsay。曾經是在巴黎舉辦萬國博覽會時期，負責接送看展觀光客的火車站，特別是從法國西南邊來的觀光客可以在奧賽車站下車。後來車站的功能，由更南邊的蒙帕納斯大樓Tour Montparnasse底下新車站接手後，轉身變

成收藏印象派作品的美術館。

從巴比松派Ecole de Barbizon的米勒Millet的《晚禱L'Angélus》到後印象派大師保羅塞尚Paul Cézanne，甚至是新藝術運動的克林姆Klimt的畫都可以在奧賽美術館欣賞到。

其他印象派大師們如馬奈Édouard Manet、莫內Claude Monet、竇加Edgar Degas、雷諾瓦Pierre-Auguste Renoir、梵谷Van Gogh、高更Paul Gauguin、秀拉Georges Seurat等，還是大家比較不熟知的畫家如畢沙羅Camille Pissarro跟我個人很愛的西斯萊Alfred Sisley跟柯洛Jean-Baptiste Camille Corot，雖然科羅也是比較屬於巴比松畫派的那種寫實風格。

也許是跟我從小就在臺南學習和接觸很多印象派大師的畫作有關，走入奧賽美術館裡看到這些眼前的畫作真跡，讓我超興奮的。以前只能看到印刷品的那種感覺從眼前的真跡重新活了過來，重新定義了色彩與筆觸。

每一種筆觸風格與色彩運用，甚至光影的表現，都宛如跟著畫家一起經歷他在表現眼前風景、人事物時當下的心情與感覺。

我會建議你欣賞完畫作後，也順便在館裡的

咖啡吧喝杯咖啡或餐廳吃頓飯，真的可說是藝文與美味的雙重享受。我之前在看完展覽後，都喜歡去咖啡吧Café Campana喝杯咖啡吃個甜點，然後從博物館的昔日車站保留下來的圓型時鐘窗L'une des magistrales horloges感受天光。餐廳跟咖啡吧都不接受預約，基本上也都會滿座，就看你是否夠幸運，可以當場等到位子。

像我住巴黎的時候是滿常去的，也常常剛好沒什麼人，就坐下來喝杯咖啡休息一下，那餐廳我就不知道了。反正，出外旅遊都是得碰碰運氣的。如果你們看完展，剛好有適合你們人數可以坐下來吃飯的位子，那恭喜你們可以擁有此生難得在巴黎知名博物館裡用餐的美好回憶。其實，餐廳也接受團體預約訂位，但跟團玩巴黎，就要看旅行社願不願意安排這一樣的行程。

逛完美術館，我們不妨來點世俗一點的行程。就是來巴黎旅行的人不見得會去的貴婦百貨樂蓬馬歇百貨Le Bon Marché Rive Gauche。這百貨公司最讓我印象深刻的，除了他的內觀設計隨時都會變化外，還有購物的經驗。以前我去那邊都喜歡逛帽子樓層，一整層的帽子設計，你想得到的款式都有。也難怪很多內行人會來這裡買帽子，然後搭回國飛機時，手上都會拎一個大大圓圓的立體帽盒，怕壓壞了裡面的帽子。

跟我去的法國女孩們，最喜歡去逛內衣樓層，超大的試衣間讓你試到滿意為止，無奈的是一旁等待的男友或老公。但如果剛好遇上足球賽，男友或老公都會毫無怨言，任你試到滿意為止，但有沒有認真看你試穿的成果，就不得而知了。

樂蓬馬歇百貨旁邊的貴婦超市La Grande Epicerie de Paris巴黎大食鋪也是必逛的點，裡頭的陳列以品項來分類，乳酪區、海鮮區、蔬果區、調料區等等，還有直接坐下來吃的壽司吧跟甜點麵包咖啡吧等等，當然鮮花跟酒區更是重要，想送禮來這裡隨意挑挑就可以走人。

很難想像這裡曾經是讓法國帝王皇后斷頭的地方。

過個橋就到協和廣場附近

建議景點：

協和廣場橋Pont de la Concorde→協和廣場Place de la Concorde→海軍府Hôtel de la Marine→巴黎瑰麗酒店Hôtel de Crillon à la rosewood→杜勒麗花園Jardin des Tuileries→橘園美術館Musée de L'Orangerie→國立網球場現代美術館Jeu de Paume

翻開我的相片記憶，我竟然完全忘記1999年才完工的塞納河便橋——利奧波德・塞達・桑戈爾行人橋Passerelle Léopold-Sédar-Senghor。我2017年回巴黎時，還拍了這座橋，覺得它造型很特別。但印象卻完全自己自行抹去，終究它無法取代另一座行人便橋——藝術橋Pont des Arts在我心中崇高的地位。畢竟我剛來巴黎念書時，因找不到住處而在這橋上哭過；要離開巴黎的前一晚，更因為感傷而在這橋上又哭過一回，所以，藝術橋對我來說，意義十分重大。

很多年輕人喜歡這座新的行人便橋，畢竟沒有車經過，只有行人，可以放鬆心情停留，凝視塞納河上的風光。

　　從奧賽美術館這邊過橋，另一端就是杜勒麗花園Jardin des Tuileries。不管是美術館這邊的碼頭還是花園那邊的杜勒麗碼頭，都會有船隻停靠，上面有的是餐廳或咖啡館。我以前不懂，都以為是私人船隻的停泊，後來經過我同學們的帶領，原來這些船隻的夜晚比白天更美。

大家來巴黎旅遊，一定不能錯過「夜玩巴黎」的美好。

　　好多船隻上面都有夜間派對活動soirée或酒吧Bar讓大家一醉到天明。那種感覺很像臺北的大稻埕碼頭那邊，夜晚燈火通明，很多人聚集貨櫃酒

吧，聽歌喝點飲料聊聊天，享受都會夜晚的熱鬧氣氛。

塞納河上好多段都有這樣的地方。包括我巴黎家附近的Bercy貝西碼頭那邊，都是比較屬於當地巴黎人會來的夜晚活動地點。

從協和廣場橋這邊走到協和廣場，會背對國會L'Assemblée Natitionale。這座國會建築原本是波旁宮Palais Bourbon，是1722年法王路易十四為他女兒波旁公爵夫人蓋的。1789年法國大革命之後，才變成國民代表開會的地方。

法國大革命的歷史，牽扯了國會一直到協和廣場，還有廣場旁邊一大棟，原本1770年時是法王路易十五底下的夸斯林侯爵夫人府邸Hôtel de Coislin，到後來路易十六時期的1788年竟然轉手變成克里雍公爵的府邸Hôtel de Crillon。

雖然這府邸在法王路易十五時期，也就是在1778年，見證了美法友好關係協定，當時代表美國簽訂協議的大使就是後來美國獨立運動之父的富蘭克林。剛嫁到法國不久的太子妃瑪麗安東尼也在這府邸度過了彈鋼琴的美好下午時光。

這府邸才轉手給克里雍公爵的隔年，就發生了法國大革命。憤怒的百姓們在府邸正前方的協和廣

場架起了高高的斷頭臺，於1793年先後處死了法王路易十六跟皇后瑪麗安東尼，還有很多貴族以及專政的將領們。

去過廣場的人，都會看到埃及方尖碑旁邊的地面上有塊紀念銅板，上面寫著他們被斷頭的時間與位置。

廣場的中心點，是座19世紀時埃及送給法國的盧克索神廟（古稱底比斯）的方尖碑Obélisque de Louxor，而當時法國的執政者法王路易菲利浦想說，把它放在法國大革命時期那個架設斷頭臺的位子好了，感覺有種「鎮煞驅邪」的想法，應該也是希望轉移大家對這慘無人道屠殺記憶的心中陰影。

我每次到法王路易十五時期所蓋的協和廣場，總會漠視這些法國大革命的過往，而只會關心廣場上南北兩座華麗的噴泉。這兩座以「海上navigation maritime」跟「河流navigation fluviale」為主題的噴泉，其實都是仿效羅馬噴泉的形式。

靠近塞納河這邊的「海上噴泉」代表著法國海洋產業的多樣性；而北邊靠近克里雍飯店那邊的「河流噴泉」則代表著法國境內各地農牧業及北部工業的美好富足。

往皇家路Rue Royale上看過去，最遠處就是跟波旁宮一樣有著古典廊柱的瑪德蓮教堂Église de la Madeleine。而背對協和廣場，你的眼前左邊是以前接待過很多名人甚至音樂家伯恩斯坦的克里雍大飯店，現在已經易主經營改名叫巴黎瑰麗酒店Hôtel de Crillon à la rosewood；而右邊則是最近很受網美關注的下午茶最佳地點——海軍府Hôtel de la Marine。

順帶一提，有一幅收藏於奧賽美術館，然後我覺得很適合在這裡提的一幅畫，就是法國寫實主義畫家詹姆士蒂索James Tissot於1866年在巴黎畫的《皇家路的社交圈le Cercle de la Rue Royale》，經常以當代女性為主題的他，難得有一幅裡面都是男性的畫。

畫中所描繪的場景，就是在克里雍大飯店二樓面對協和廣場與塞納河的露臺，一群同個社交圈的男士們聊天喝酒，呈現當時中產階級的社交（那個年代叫作布爾喬亞bourgeois）生活。深入研究這幅畫的背景，才知道這是個巴黎養馬俱樂部的有錢人社交，難怪這畫中的紳士們看起來都是年輕、有錢、穿著有品味。

反正皇家路走一趟，你會懂得我說的品味、有錢，空氣中飄散著歐元的味。

但我們來到巴黎，最主要的是好好陶冶一下藝術涵養，暫時撇開法國的政治跟歷史不看。協和廣場旁邊就是杜勒麗花園的入口。門口的石牆上，你會看到法王路易十四請的園林設計師勒諾特André Le Nôtre的大名，是他把原本充滿義大利文藝復興風格的杜勒麗花園改造成現在我們看到的這種有著幾何變化的法式風格園林。大門入口的左右兩邊各有一座小小的美術館。

右邊是放著印象派大師莫內大作《睡蓮》的橘園美術館；而左邊呢？是大家比較不熟知的國立網球場現代美術館。我以前常去看展，進橘園美術館的感覺，比較冷靜，因為牆面四周都被睡蓮的光影所包圍，你也必須很安靜的欣賞每一個筆觸的色彩變化，包括時間的改變，讓水中倒影的顏色深淺有所不同。而我去現代美術館的經驗，則是天馬行空，什麼樣的藝術創意都可以被激發！都可以很自由的被討論。

像有一次我跟一個念現代藝術的學生約好來現代美術館裡看展，那是一個用各式各樣的畫框或框架的東西去展現光影變化的展覽。她從頭到尾都在跟我討論她打算在塞納河畔的遊艇上弄一場行動藝術。我不知道她後來到底有沒有弄成？不過像她那種瘋狂的想法，後來很多年輕人都做了。包括街頭一百個擁抱one hundred hugs或是一百

個親吻等等瘋狂行動藝術。

可以稱為一種看似藝術的想法，不過，要成為
真正的藝術，還是要先經過歷史洪流的測試，
能真正打動人心且亙古長存的，才是
真正的藝術，不然就只是天馬行空的想法。

香榭大道上的凱旋門，上面的浮雕以歌頌法國革命，也是法國國歌〈馬賽曲〉為題。

往凱旋門方向走香榭大道

　　在離開巴黎前，我法國好友送了我一張Joe Dassin喬達辛的CD。沒錯！就是目前Spotify播放平臺上擁有8千多萬播放次數的《香榭大道Les Champs- Elysées》的那張。他只是語帶感傷的對我說，如果我回臺灣有天想到法國，就拿出來聽聽。

其實，法國很有名的歌手，當時我認識的不多，這麼有名的我也不知道。回臺灣後，偶爾會在看某部法國電影中聽到那首〈如果這世上不曾有妳Et si tu n'existais pas〉悲傷情歌，也是喬達辛最膾炙人口的另一首歌曲。

他在法國知名的程度不容我置喙，只能說我當初去法國唸書，真的是衝著這美麗的國度去的。幾年居住下來，在Starmania那種類似臺灣早期「群星會」的節目中才了解一二。當你學了法語後，也許會碰到像我這樣的老師，會跟你介紹香榭大道這樣的一首歌。歌曲中所呈現的「香榭大道」風情，跟我認識的，其實有滿大的差異。

我所看到的香榭大道，是筆直朝凱旋門Arc de Triomphe的一條林蔭大道，對第一次走上大道的人來說，就是兩旁寬闊的人行道。在我唸書的那個年代，學生都要去大道上經歷過一次跨年。在跨年夜裡，只剩少數酒吧咖啡館還開著。人潮湧上大道上等著倒數。

那次我就體驗一下人多當中跟著倒數，然後跟著喊新年快樂Bonne Année。我沒印象被誰親了或是發生什麼，畢竟我年輕的時候，比較嚴肅，完全瘋不起來，只有冷酷！然後，就隨著人潮散去，搭著夜間公車回到住的地方。

後來陸陸續續聽著亞洲女同學們說，跨年夜遇到某些陌生人，在快要倒數前，就悄悄靠近自己旁邊，然後趁各自說新年快樂時，順道親了彼此。有人說得開心，有人說很噁心！說得那位住法國南部的學弟也想來體驗！

後來，隔年他真的特地從法國南部來巴黎跨年，而我們去過的人，完全不會想再去。我剛來到法國時，算滿常去香榭大道走走的，每個從臺灣飛來法國旅遊的朋友都會要我陪他們走一趟香榭大道，多半是想去買LV的包包。

如果沒有朋友來訪，偶爾周末假日，我跟朋友約在大皇宮或小皇宮看展，也會順道在香榭大道上喝下午茶，所以我的Ladurée貴氣馬卡龍初體驗，是在大道上發生的。

從背對協和廣場走上去，兩旁的花園很可以逛，也會經過幾個小劇場。通常走到富蘭克林——羅斯福這一個地鐵站附近，就可以感受到店面精品愈來愈多。我印象深刻的是，早年覺得好像在很多臺灣的夜市都可以看到的法國品牌皮爾卡登Pierre Cardin，原來在香榭大道的轉角處真的有他的精品店，而且滿美的。

這幾年，形象跟設計似乎也有了更活潑的轉變，反正人家真的是法國大名牌，不是什麼

臺灣夜市品牌啦！

香榭大道上的FNAC法雅客書店百貨還在，這書店以前還來過臺北，在小巨蛋附近的環亞百貨，現在的微風南京。我回臺灣的第一場演講也是在FNAC法雅客書店，以法國文學勳章系列介紹法國生活與文化。

演講的當天凌晨，我媽離開這個世界。我強忍著悲傷，從臺中搭車北上，把演講內容分享完。我沒有提到我的媽媽在香榭大道上的事。

喜歡時裝的她，特別精心打扮穿著高跟鞋，跟我們逛一整天，從吃中餐的柯爾伯餐廳Restaurant Le Grand Colbert跟著我們沿香榭大道一直走到艾菲爾鐵塔附近搭遊艇的碼頭，真的是超厲害的。

在經過大道旁的劇院小花圃時，我也幫她拍照留念，順便也讓她休息一下。我媽竟然就一直指著身旁在綠板凳上親親的法國情侶說，他們怎麼不去旅館啊?!

我跟我媽說，這是法國巴黎，浪漫之都，大家在這裡都想談戀愛啊！

她後來跟我說，她來這一趟，她也懂了她兒子為什麼要來到這麼遠的國家唸書跟居住？她也深

深覺得這裡真的好美，路上的人也很會穿搭，店裡也有很多漂亮衣服。

大道上除了精品店家多之外，其實扒手也很多，也許是我叮嚀家人都以巴黎人的穿著打扮出門，不要穿得很休閒旅行風，看起來一副觀光客的模樣。我哥因為背著電腦，就讓他打扮成上班族吧！因為我熟門熟路，他們也不用東張西望。

所以，我們無論是搭地鐵或是行走，都沒遇到什麼奇怪的人。不過，舉凡巴黎地鐵1號線經過的地方，幾乎都是觀光客最多的地方，當然也是扒手下手的好地方。

在我印象中的跨年夜，有間深夜仍然開著，而且很多人滿愛逛的開架式香水彩妝專賣店Sephora，它算是我會退避三舍的店。每每經過，都會被它店內衝出來的味道嗆到頭暈。

但我很多在航空公司上班的朋友卻很喜歡去逛，我每次都跟她們說：「你們慢慢買，我去旁邊的法雅客FNAC逛逛等你們。」現在法國巴黎的採購清單已經也慢慢轉移到藥妝上面，大家也會去藥妝店買很多保養品。

基本上，我是用不習慣法國的保養品，對我來說太油、太滋潤。雖然有朋友曾經帶我去買某個臺

灣現在也有的保養品牌，但我就真的用不慣，特別是在臺灣使用，畢竟法國跟臺灣的氣候差異很大，保養品使用起來的感覺也會差很多。連衣服也是，法國夏天的衣服在臺灣穿會太厚不夠涼爽，冬天的衣服則太厚重。也許在臺灣的寒流來時，穿起法國帶回來的大衣是滿保暖的。

我後來回巴黎的行程，基本上都不太會去香榭大道走。因為，我已經從觀光客的身分走到了曾經是巴黎居民的生活習慣，不太會想再去觀光客很多的地方。

如果你是第一次去巴黎，香榭大道是必須要去走一走。在「大巴黎計畫」裡，從羅浮宮前的小凱旋門，穿過杜勒麗花園、協和廣場，往上到凱旋門，最後到更遠端的新凱旋門——巴黎最多現代辦公大樓的拉德芳斯區La Défense。

這些都在巴黎地鐵的1號線上。

從巴黎鐵塔正對面的夏佑宮看過去

到夏佑宮面對艾菲爾鐵塔

**現在的夏佑宮Trocadéro已然不是19世紀末
萬國博覽會時期的夏佑宮了！少了的部分
我們也不用追究了。但它卻是我首次到巴黎的
第一晚，從遠處欣賞艾菲爾鐵塔亮燈的地方。**

那次的自助行，是來巴黎唸書前的一趟法國
之旅。

從臺灣飛到巴黎的第一天，我們哪裡也沒去，只隨著航空公司同事的法國男性友人帶著我們到處晃，去哪裡我其實已經不復記憶，只記得在離開巴黎的前一晚，他帶我們去拉丁區吃布列塔尼薄餅跟喝蘋果酒。

　　因為這趟自助旅行帶了一個不會講法語又傲嬌的拖油瓶同事，他的加入，簡直就是把我跟另一個會講法語的女同事直接變成男傭女僕，在一同前往南法普羅旺斯的幾天行程裡，把我跟女同事氣到，讓我直接在亞維儂Avignon的IBIS旅館裡跟他們說，我想自己搭火車去東北邊亞爾薩斯Alsace的柯爾馬Colmar走走。之後的行程，請他們兩個人自行安排。

　　後來據說，女同事去找她在法國唸書的朋友，而這傲嬌男同事也就只好自己走了。等到我回到巴黎才知道，這男同事運氣還不錯，自己在巴黎有頗多豔遇，也幸虧我們最後放了他自由。

　　而我從亞爾薩斯回巴黎後，緊接著是一連八天的博物館之旅。我暫住在學妹於巴黎北站Gare du Nord附近的閣樓房Chambre de Bonne裡，每天走到腳快斷掉，但只要回到房間，洗完澡。躺在床上，看著傾斜屋頂天窗裡的巴黎星空，這秋天的巴黎夜晚竟如此美好，那冷冽如藍的空氣中，還

有微微的星光抖動。

　　我每天行程都是多到看不完的博物館，只留一天跑到巴黎郊外的Auvers-sur-Oise奧維須瓦茲鎮。這小鎮就是畫家梵谷度過最後時光的地方，他的幾幅知名畫作如《麥田群鴉》、《嘉舍醫生的畫像》跟《奧維教堂》等等都是在這邊畫的。

　　其實，這小鎮的行程也是我那位來巴黎念藝術史的學妹建議的。連從亞爾薩斯回巴黎第一晚到夏佑宮看艾菲爾鐵塔夜景的行程也是。那一晚，我從夏佑宮地鐵站裡走上來，沿著階梯拾級而上時，被這眼前巨大的鐵架給震懾住！怎麼會這麼美?!這種美，有種炫麗而偉大的浪漫，是我在臺灣從未看過的。

　　後來，到巴黎唸書的那些年，還是會時不時聽到法國人在你身邊嘀咕著說，這樣一根尖尖的鐵架插在古典又優雅的巴黎真的很不搭，硬邦邦的，一點都不美。特別跟周遭的美景很不協調，完全只是工業革命後萬國博覽會的產物。

　　有些人還喜歡用「男性巨大的陽具」來戲謔諷刺「艾菲爾鐵塔」，雖然它的建造者是男性建築設計師艾菲爾先生Gustave Eiffel，但它在法語的詞彙上是陰性的「La」Tour Eiffel。反正，法國

人就是喜歡天生反骨，總要有「一半贊成一半反對moitié、moitié」的意見產生，連羅浮宮前廣場由貝聿銘設計師在1989年所建好的羅浮宮金字塔Pyramide du Louvre也是有人說很醜、很怪。

很難想像，這些每年吸引成千上萬觀光客造訪巴黎的鐵塔或羅浮宮金字塔，在某些法國人眼中竟然是醜到爆的建築！但我也聽過，有些特地從巴黎以外來的地區來巴黎旅遊的法國老夫婦，老婆婆在羅浮宮入口前邊排隊邊對著老公說，她這輩子就只有這麼一次來到羅浮宮！

我在旁邊聽了超傻眼。羅浮宮對我跟我同學來說，就是下課後的後花園，經常想看展時，只要從學校那邊走上藝術橋跨過塞納河就到了。

實在無法想像，有些法國人一輩子只來過一次羅浮宮！算了，我這輩子都還沒有進去過臺灣的總統府參觀呢?!

臺灣話有句俚語說道：「近廟欺神。」說的不是欺侮神明，而是跟華語說的「貴遠賤近」一樣，愈是親近的愈不見得會珍惜，人性多半如此。而我最好笑的一件事，就是在這趟自助行結束返回臺北，跟家人分享我第一次的法國行。我媽就問我說，你有上去巴黎鐵塔嗎？我說沒有。我媽就說，人都到鐵塔底下了，怎麼不上去看看？

說真的，當時我跟鐵塔的第一次接觸，是從夏佑宮看過去的巴黎鐵塔夜景，已經美到讓我心裡留下深刻的記憶。後來幾天的巴黎博物館之旅，我幾乎都可以看到白天的鐵塔。等到人真正到鐵塔底下拍照時，反倒是覺得遠遠看比較美，近看太真實了，就是座造型很有美感的鐵架，然後有電梯上下。

其實事後想想，我當時也沒料想到自己後來會決定到巴黎唸書，然後隨著每一群來巴黎造訪的朋友搭乘電梯到每個樓層參觀跟從高處眺望巴黎的全貌。

在鐵塔頂端，我心裡想的是電影《西雅圖夜未眠Sleepless in Seattle》最後一幕的紐約帝國大廈頂樓；或者是日本小說「冷靜與熱情之間」裡的義大利佛羅倫斯百花大教堂頂樓。似乎都是男女主角相遇的場景，當然，巴黎鐵塔頂樓也是很多熱戀中的男女到此一遊。

從巴黎鐵塔頂樓可以看到北邊遠端高處的蒙馬特聖心堂，從蒙馬特聖心堂則可以往南看到巴黎鐵塔與蒙帕那斯大樓。我不是一個喜歡登高望遠的人。所以，巴黎其他可以從頂樓看巴黎的建築，如蒙帕那斯頂樓、凱旋門頂樓、龐畢度中心頂樓等等，我一概沒去過，居住巴黎的時光裡也一點都不會想去。

隨著年紀增長，我愈發懂得一個人世間的道理。就是「什麼時間、什麼地點，會遇見什麼樣的人」都是冥冥中自有安排。

就像我第一次不去鐵塔上面，後來因為來巴黎唸書，很多臺灣的朋友來看我，也就跟著他們一次一次地上去了，而且是每個樓層，甚至頂樓都上去過。

而有些巴黎的景點，不管我住再久，回去過多少次，我不會去就是不會去！也沒有什麼原因，就是剛好沒有想到，或是沒有對的人事物吸引著我一同前往。

像巴黎瑪黑區收藏著巴黎發展史的卡納瓦雷博物館Musée Carnavalet，住巴黎的時候，我每次經過也都沒想到要進去參觀。等2017年我回巴黎的時候想去參觀，它竟然還在整修中（法國人的工作就是如此催不得），現在維修好也重新開幕了，只好改天回巴黎時再去看看，不過，到時候要記得想到它……

戰神廣場後面充滿法國軍事色彩的地區

戰神廣場傷兵救難很威風

　　在巴黎生活的日子，總會為自己的周末做個安排。沒跟朋友約家聚的日子，就是我獨自參觀博物館的時候。離傷兵救難院Les Invalides最近的博物館就是羅丹美術館Musée Rodin，羅丹最熟為人知的雕塑《沉思者Le Penseur》1922年被安放在羅丹美術館裡面。這沉思者原本來自羅丹另一件知名作品《地獄之門La Porte de L'Enfer》。

這《地獄之門》取材自但丁Dante的史詩《神曲Divina Commedia》，而坐在地獄之門前面的沉思者就意喻著詩人但丁本人，坐在地獄之門前思考著全人類的問題。

這座青銅雕塑作品就算在現今的社會依舊很受用，現在人類面對很多問題，到底人類的未來該何去何從？是否靠科技AI就可以解決什麼？人類因為思考而偉大，卻也因為思考而顯得渺小，畢竟很多問題不是只靠思考就可以解決的。

我因為羅丹與卡蜜兒的故事而前往羅丹博物館一探究竟，結果得到的是了解了《沉思者》與《地獄之門》的關係。在參觀羅丹雕塑作品的同時，我在博物館的花園坐了一會兒，度過優閒且浪漫的午後，畢竟我也是看過《羅丹與卡蜜兒》（1988年）這部電影的，對於他們的戀情真實過往如何我不確定，但他們同樣有著雕塑天分並一起工作的情感讓我感動，雖然最後陪伴羅丹的是另一個女人。

法國人的戀情往往都是不按牌理出牌，也多半是當下的情感，能維持多久不是誰說了算。
也許情人改天變成仇人，甚至老死不再相見。

我猶記得第一次到巴黎旅遊時，在街頭最驚豔的事情，是一個女生追著一個男生跑，而且是追著打，可能是男生做了什麼對不起女生的事，只聽

到那女生滿口流氓Salaud、混蛋connard的罵，那男的抱著頭逃竄，第一次覺得法國男生還滿可憐的。

那個時代，臺灣的女生多半還是傳統順從，我第一次看到這麼悍的法國女生真的也是嚇一大跳。不過想想，感情是你情我願，本就沒有性別差異，而且為何女生就一定要包容男性做錯的事情?!

後來，我居住在巴黎，也很習慣法國女生的悍，動不動就看到我同學對著不讓她的車子大罵，或是女生路見不平出手制止壞人，有時還會跟路邊的混混對著嗆！

法國女人說真的，看狀況優雅，看狀況強悍，看狀況耍賤，看狀況虛假！
手段，永遠是
女人除了美麗之外，最好的武器。

出羅丹美術館後，旁邊就是存放拿破崙棺槨的傷兵救難院。這棟法王路易十四建造的金頂建築，建造當初是為了撫卹士兵並彰顯天主教的慈善精神。

所以建築裡面有「聖路易教堂」、「圓頂教堂」跟收藏自中世紀以來法國歷代國王的軍事武器，

還有法國重要人物個人物品的「法國軍事博物館 Musée de L'Armée」。在圓頂教堂內有拿破崙的陵墓，也是很多人參觀傷兵救難院的重點。

說起拿破崙，法國人的毀譽也是參半。有些人一輩子都記得拿破崙的光榮時刻，並以拿破崙時代的法國人自居，自認為本身的尊榮高過歐洲其他國家的人。也有法國人很不屑這些人，甚至罵一些自認為了不起的法國人，就諷刺他們「是自以為自己還活在拿破崙的時代」嗎？

我知道，在這個喜歡cosplay的世代，有些法國人會自己收藏拿破崙時代的軍衣軍帽，家裡大理石煙囪上擺的不是家人旅遊的照片，而是拿破崙的雕像。有時會邀集同好一起來個拿破崙時代派對。

羅浮宮博物館裡收藏的《拿破崙加冕禮》（拿破崙在巴黎聖母院裡幫約瑟芬加冕）畫作歷歷在目，據歷史記載，這個加冕典禮凸顯了拿破崙心態的傲慢與驕傲。後來他的情人不少，雖保留了約瑟芬的皇后封號又如何。

拿破崙在楓丹白露宮的馬蹄形階梯廣場前向他的軍隊士兵發表臨別演說。有人說，想了解拿破崙的生活，就得到巴黎東南邊巴比松Barbizon附

近的楓丹白露宮Château de Fontainebleau走一趟。

因為那邊被拿破崙稱為是最適合君王居住之所。裡面有著好幾個世紀的建築與室內裝飾風格。楓丹白露宮在楓丹白露小鎮上，旁邊還有很大的楓丹白露森林，就在地景觀不難想像這宮殿以前的功用。

自然是跟凡爾賽宮一開始的功用一樣，
都是以前君王的「狩獵行宮」。

有趣的是，楓丹白露宮的建造比凡爾賽宮早，從12世紀起，就是法王的狩獵行宮了。而法王路易十三出生在楓丹白露宮，凡爾賽宮在還沒被路易十四大量興建成豪華宮殿之前，則是路易十三長大後居住的狩獵小行宮。在羅浮宮還不是羅浮宮之前，也是西堤島上法王們的打獵行宮，到12世紀時才蓋了城堡。

繞了一大圈，我要說的是，法國人沒有我們想像的那麼柔弱溫雅，他們很多君王或軍事家都是好狩獵，甚至是好戰的，軍事武器的發明也是很厲害的。在巴黎鐵塔後方到國家防衛高等學院之間有座每次都辦露天演唱會或者是學生抗議活動據

點的戰神廣場Champs des Mars。

我每次都戲稱這個廣場，是青春洋溢的場所，年輕人很喜歡來這裡，群聚在草地上聽電音，疫情間的抗議活動也是聚集在這裡，然後跟法國警方對抗。

現在廣場上有座臨時的大皇宮Grand Palais Ephémère舉辦著各式各樣原本排定在大皇宮Grand Palais舉辦的展，只因香榭大道旁邊的大皇宮進入整修期。

我們如果從傷兵救難院這頭跨過亞歷山大三世Pont Alexandre Ⅲ橋，就會到香榭大道旁邊的大小皇宮。亞歷山大三世橋是紀念俄國沙皇亞歷山大三世與法國在1892年締結戰事同盟，由沙皇兒子尼古拉二世在1896年為其奠定橋基，橋梁設計風格與大皇宮一樣。

人生真的很難，美好的事物，多半跟戰爭及愛情有關！

很難想像這裡以前都是沒姓氏的骷髏頭骨還有滿地發臭的屍水

敢不敢去墳墓公園吃午餐

我在巴黎有兩次不是很好的公墓經驗，雖然去過的人總是說，人活著的時候，一定要學習如何在安息之地找到自我，包括自己存在的價值跟意義。

宛如置身於公園的公墓，在巴黎最出名的，就是位於塞納河右岸巴黎第二十區的拉雪茲神父公墓La Cimetière du Père Lachaise還有在南

邊塞納河左岸巴黎第十四區的蒙帕納斯公墓La Cimetière du Montparnasse。

我剛到巴黎唸書的第一年，因為要找房子，幾乎巴黎各區蜻蜓點水了一遍。當然也找到了拉雪茲神父地鐵站附近的房子。當初因為心急找房子，還自以為住在公墓旁邊應該會有很多歷史名人照料，而且蕭邦的墳墓就在這墓園裡，何其浪漫。

半夜都可以看著巴黎冷靜的月光，然後房內大聲的播放著蕭邦的降E大調夜曲Chopin: Nocturne No. 2 in E-Flat Major, Op.9 No.2。然而當我一走出地鐵站後，馬上被滿街隨秋風起舞的垃圾跟牆上的塗鴉給嚇到，瞬間打消念頭。

對當時想在巴黎住下來的我，找房子的事雖不講究，但也不想將就，選區選環境，還要選房東，甚至是選室友。

其實後來，我在巴黎住的時間一久，也逐漸了解每個區的特色與優缺點。後來跟我很要好的同學，他來自塞內加爾，名叫馬塞巴Massamba，是那種黑到發亮的非洲黑人，身上最白的地方是牙齒跟手掌心。他跟我無話不談，他和我奈及利亞籍的Igbu依布語老師，人都超好。

認識了他們，改變了我對黑人的印象，

也讓我深深覺得自己的井底之蛙。

在臺灣因為很少看到那麼多黑人，而懼怕找拉雪茲神父公墓那一區的房子。我後來住的第五區跟十三區交界也有很多非洲國家的協會，他們每周末的聚會就滿街站著聊天，大人小孩一片漆黑，白天還好，晚上有時就只會看到牙齒亮亮。

我有個臺灣朋友就經常幫黑人喊冤，他住在大學城Cité Universitaire學生宿舍，就經常看到黑人每天洗澡。他說，黑人每天洗澡，大家還是覺得他們是髒的；而白人，特別是法國人，沒有天天洗澡，甚至不愛洗澡，可是大家都覺得他們一定是香的。像我的同學馬塞巴，他真的是香香又打扮時髦的男生，他滿頭短短的鬈髮外，很愛穿皮褲跟鉚釘尖頭鞋。他連說話，都有薄荷牙膏的味道。

我在巴黎所結識，而且常膩在一起的朋友，多半是外地人。而且，聽起來都是在他們國家的優秀菁英，不管是家世背景還是財富。像馬塞巴他們家小孩統統被家人送出國唸書，在塞內加爾能夠這樣的家庭應該不多吧！而且我去過他住的地方，生活用品都不差，感覺上是過著省錢卻有品味的生活。另外，我的盧森堡籍同學他們兄妹是貴族，財富就不用說。那奧地利同學，更是家學淵源。

他們溫文好禮，從不在我面前講我聽不懂的

**德語，他們覺得一定要尊重我，只要我在
現場，他們必然只講我能參與的法語。**

講到這個，很多法國以外的知名人士多半埋
在拉雪茲神父公墓。像波蘭鋼琴家蕭邦、愛爾蘭劇
作家王爾德、美國創作歌手吉姆莫里森（搖滾樂團
The Doors的主唱）、義大利音樂家羅西尼（注）
等，當然，法國以撫慰人心深受世人喜愛的法國香
頌天后Edith Piaf皮雅芙，還有歌劇女伶Maria
Callas卡拉絲也是埋在這裡。

法國給了這些創作者們很好的養分，如同給
我跟給我同學們一樣，大家回到自己的國家後，皆
因此段巴黎的生活記憶而發光發熱。很多亞洲來
的藝術家更是如此。與其說，這是個埋葬很多名人
的地方，不如說他們的精神長存於此。

**所以，很多人會在心情低落時，到這如公園般
的墓園走走，跟自己喜歡的名人們傾訴自己
內心的痛苦與煩惱，也許從墓園走出去後，
又可以重新堅強面對人生。**

在南邊的蒙帕納斯公墓，離丹費爾羅什洛廣
場Place Denfert-Rochereau很近。你如果很想
看看巴黎地下墓穴博物館Catacombes de Paris
也在這附近，當初為了解決巴黎墓地不足與公共衛

生問題，把粗略估計六百多萬具骨骸放到這裡。對很想要探索死後世界的人來說，也是個不錯的體驗行程。

我呢，住在巴黎那幾年，根本就提不起勇氣來面對這樣的地方。

我永遠記得有一次，我從大學城的朋友宿舍離開，心想，當下是夏天的午後，天氣還是炎熱的。想說這樣的大熱天，經過蒙帕納斯公墓那邊應該沒關係吧！那條穿過公墓的路，兩旁是高聳的公墓圍牆，還有參天大樹。只見雖然天色慢慢昏暗，但離天黑還有一段時間。

只覺得墓園裡散出來陰冷的風，吹起來不像夏天的風。連高高天邊的黑色昏鴉，都叫出很淒厲的叫聲，此起彼落。現在不是夏天嗎？怎麼覺得路愈走，背上一陣陣涼意，甚至涼到讓人心裡發麻！

果然，公墓就是陰。再怎麼像公園，再怎麼埋一些法國知名前衛歌手作曲家、被譽為法國傳奇歌神的賽吉甘斯柏Serg Gainsbourg，或是存在主義大師的沙特Jean-Paul Sartre跟西蒙波娃Simone de Beauvoir，還是不久前離世的英國女藝人珍柏金Jane Birkin也埋在這裡；精品愛馬仕Hermès的柏金包就是以她的個人風格為創作靈感。

喜愛法國電影的人，大導演侯麥也埋在這裡。我心中最愛永遠像異鄉人的法國詩人波特萊爾（著有詩集《惡之華Les Fleurs du Mal》和散文集《巴黎的憂鬱Le Spleen de Paris》）也是埋在這。

照道理，這裡應該比其他墓園熱鬧許多。這麼多法國近幾個世紀最有名的文學家、哲學家、詩人歌手等都埋在這裡。少不了，進來墓園裡閒逛的人，應該也很想從她們身上學到某些生活風格或是創作靈感。但，這裡的平靜，似乎就像一首無言的歌。帶個三明治跟咖啡來這裡野餐，似乎也是一種浪漫。

塵歸塵、土歸土，再美好的生活與再浪漫的一生，終究要從絢爛歸於寧靜。
由於外面的世界太吵鬧，來這裡靜靜的用餐，會更加覺得，能夠活著真好！

注：
羅西尼 (Gioachino Rossini, 1792-1868)出生義大利的羅西尼，與董尼才第 (Gaetano Donizetti, 1797-1848)、貝里尼 (Vincenzo Bellini, 1801-1835)並稱為十九世紀上半葉義大利歌劇 (Opera)三傑。他所作的《塞爾維亞理髮師》在羅馬發表，轟動樂壇，使他一躍成為享譽國際的大作曲家，這齣喜歌劇也成為音樂史上最著名的喜歌劇。羅西尼同時也是一名美食家，有許多著名佳肴以他為命名。(資料來源／古典音樂台)

目前進入整修門面期的巴黎歌劇院

從歌劇院走回羅浮宮很遠

建議景點：

巴黎歌劇院L'opéra Garnier→香水博物館Musée du Parfum Fragonard à Paris→維雷咖啡Café Verlet→法蘭西喜劇院La Comédie Française→柯蕾特廣場Place Colette

我們從巴黎歌劇院L'opéra Garnier，往羅浮宮方向走去。歌劇院建築本身的設計者是查爾斯加尼葉Charles Garnier，他的雕像在歌劇院旁邊就可以看到。由法國拿破崙三世下令建造的，也是英國音樂劇作曲家安德魯韋伯作品《歌劇魅影the phantom of opera》的故事背景地點。建築本身被歸屬於新巴洛克風格，裡面的的金碧輝煌，讓人走在裡面都覺得自己貴氣滿滿。

看芭蕾舞兼參觀歌劇院的華麗，才是重點。

法王路易十四年輕時也演過《太陽王阿波羅》的芭蕾舞劇，自此他被尊稱「太陽王Le Roi Soleil」。芭蕾舞在17世紀就受到皇家扶植並設立學校培育人才，到現在，巴黎歌劇院還有一系列培養人才的課程。想了解課程的人，可以直接到巴黎歌劇院的官方網站或臉書粉專查詢得到。

在我唸巴黎五大時，我專修語言學，我們教授說「芭蕾舞的手勢」也是語言學的研究課程。在不說任何一句話或唱任何一句詞裡，用手勢表達著任何情緒與感情，真的是既優雅又含蓄。芭蕾舞者的手勢配合著音樂的起承轉合，展現了芭蕾舞劇中人物的所有喜怒哀樂。

我依稀記得我有一天看的舞碼是《胡桃鉗》跟《天鵝湖》，這兩齣都是常態演出的舞碼。你如果

從網路看到他們的訓練課程就會覺得芭蕾舞真的很厲害。路易十四也真的很厲害，從芭蕾舞者的穿著發明了屬於法國當時的緊身褲穿著時尚，還有高跟鞋的設計。

讓他不高的身材看起來更加修長，更高人一等。當然不光如此，還有超蓬鬆且美美的假髮也是神不知鬼不覺的增高器。

我這本書不會寫到巴黎郊外的凡爾賽宮，去過凡爾賽宮的人，都知道1682年路易十四對外宣布把皇宮從羅浮宮遷到凡爾賽宮，而且今後接見外賓都在凡爾賽宮。

重點在於他把義大利威尼斯不外傳的製鏡技術偷學過來，然後打造了舉世聞名的「鏡廳Galerie des Glaces」，用鏡廳裡的鏡子去反射花園的美景，也擴大了整間大廳的空間感，加上玻璃吊燈的綴飾，華麗感滿滿，風靡整個歐洲。

還有香水、摺傘、髮型、香檳等都成了當初法國引領歐洲時尚的發明，經常辦皇家派對的路易十四，也都透過這些派對，對外宣傳法國的美好，讓歐洲其他國家的皇室貴族們爭相模仿。

在他統治時期，巴黎的「聖日耳曼市集」位於當時的聖日耳曼教堂（在現在的聖日耳曼大道上）

旁邊，等同於當時的國際時尚精品市場，所有來自世界各地包括中國的貨品都在此交流購買，當然也包括法國時尚精品的販售。

我最近看到臺北的捷運站出現了「共享雨傘」的便利設計，其實在17世紀的巴黎就已經有了這樣的服務。我以前都還以為臺灣的製傘技術世界無敵，後來才了解遠在五百年前，法國已經有了製傘技術。

假如你是香水控，離巴黎歌劇院不遠的香水博物館，則是你不能錯過的參觀行程。我個人也很喜歡法格娜Fragonard的香水。在香水博物館當然你可以了解到香水製作過程與調香的專業技術。

如果你沒有辦法去南法格拉斯Grass那個香水小鎮走一趟，那就一定要來法格娜的香水博物館了解那一種味道的香水比較適合自己。臺灣的天氣，因為流汗，容易改變香水在身上的味道。

我很幸運，本身是不太流汗的體質，所以我有噴香水的習慣，而且會體會香水在身上前中後段的味道變化。其實，香水的後段味道才是決定你喜不喜歡的關鍵味道，不過我個人的心得，還是要噴在自己身上才準。

畢竟你自己身上會改變香水的餘味。我本身就是香水控，我會建議大家多多體驗真正好香水的餘味。基本上都會留下很自然的植物味，如果不是好香水，就會剩下工業香精味。

　　說到香水，我又要提到大家印象中不愛洗澡的法國人。根據我居住法國的生活經驗，那邊的天氣乾燥，天天洗澡會造成皮膚乾燥。像我的肌膚就屬於會冬季癢的那種，所以，嚴寒的冬天有時候真的一周左右才能好好洗一次澡。況且，中世紀的歐洲人觀念，水是很髒而且富含細菌的，所以才發明用大量的植物去提煉香水，不光幫衣物消毒，也拿來除身上的臭，真的很讓人難以想像。

　　沿著歌劇院大道Avenue de L'Opéra慢慢走過去。途中會有很多旅行社跟兌幣中心，還有各種精品店與餐廳、咖啡館、麵包店，我說很遠的原因，是往往會走很久。巴黎真的太好逛了，只要你的口袋夠深，真的會買到天荒地老。

　　加上美食餐廳很多，想坐下來吃飯很方便。逛累了，隨意找家咖啡館喝咖啡都很難踩雷。連麥當勞或星巴克那種，到巴黎也要變好喝，不然以法國人那種小氣財神，他們很難買單，你就很難在高租

金的巴黎存活。

當你走到快靠近羅浮宮時，有間在聖奧諾黑街Rue Saint-Honoré上的小小咖啡館維雷咖啡Café Verlet，我很推薦。他們店內販售來自世界各地的咖啡，雖然我2017年回巴黎時發現它的店裝潢變得更現代、更明亮，少了以前傳統咖啡館會在櫥窗旁擺一堆咖啡麻袋的那種感覺，但咖啡一樣很好喝，座位也比以前多很多。你可以坐下來品嘗一下他們的手工甜點跟自家烘豆的咖啡，休息一下。

巴黎人一直保有去自己常去的咖啡館買咖啡、喝咖啡的習慣。因為那是他們生活裡必須的社交，找老闆聊天說說話，也讓彼此知道最近日子過得如何！

喝完咖啡後，我們再來了解一下對街的法蘭西喜劇院La Comédie Française。這喜劇院經常表演法國的一些社會嘲諷劇，有點像我們在臺灣會去看某些爆笑的舞臺劇，不過劇碼都比較古老一點。

唸法國文學，就會接觸到拉辛Racine、高乃伊Corneille、莫里哀Molière等人的劇作。特別是

莫里哀的作品，經常在法蘭西喜劇院上演，因為它的語彙已經被封為最代表「法蘭西精神」的語彙。

喜劇院旁邊的柯蕾特廣場Place Colette是為了紀念20世紀初的女作家柯蕾特，她最有名的作品是《琪琪GiGi》曾經被改編成電影《金粉世界》和舞臺劇。我最喜歡的英國女演員綺拉奈特莉也演過她的傳記電影，片名叫作《花都教主柯蕾特Colette》（2018年），大家有機會可以找出來看看。她死後被葬在拉雪茲神父墓園。

生前充滿前衛觀念的生活，天主教會拒絕給她舉行宗教葬禮，還好因為太有名，還獲得過諾貝爾文學獎提名。法國政府幫她舉行國葬。

**這就是法國，只看你的才華與努力，
不太管你的生活態度有多離經叛道。**

這座水池跟遠方的羅浮宮之間本來還存在著一座杜勒麗宮

杜勒麗花園的過往很不堪

在羅浮宮跟協和廣場中間有座杜勒麗花園,也是巴黎市民很愛去的花園,從協和廣場旁邊的大門走進去,左邊牆上會看到過往法國皇室園林設計大師安德烈勒諾特André Le Nôtre的名字。

舉凡法國許多知名的城堡花園都是他設計的,像凡爾賽宮、楓丹白露宮、聖客露城堡

Château de Saint-Cloud、巴黎近郊的佛勒維恭Vaux-le-Vicomte、聖日耳曼翁蕾城堡Château de Saint-Germain en Lay、國璽宮Château de Sceaux、香緹利城堡Château de Chantilly等等。

他的設計總是讓園林的美與城堡建築相呼應，進而讓遊園者在欣賞園林之美時心中自然湧現優雅閒情，更是奠定了法式園林的設計標準。比如在兩排筆直的印度栗子樹下，間隔幾棵樹就要放置一尊大理石雕像？

然後，花圃的規畫，必須用怎樣的幾何排列圖形？用幾棵修剪成圓形的小灌木來搭配正正方方的小花圃？還有花園迷宮的設計安排。只要學習過法式甜點的人，應該會馬上了解我所說的法式裝飾美學概念。

當然，原本是法王亨利二世的霸權老婆凱瑟琳麥迪西皇后Catherine De Médicis打算在羅浮宮旁邊也蓋一座與羅浮宮平行的「杜勒麗宮Palais des Tuileries」，這座宮殿與羅浮宮之間，隔著小凱旋門Arc du Triumphe du Carrousel。

如果你從羅浮宮這頭走過去，就是你會先經過小凱旋門，然後應該就會碰到杜勒麗宮。但，我

在巴黎唸書的那時候，杜勒麗宮早就不見了，只剩左右兩翼的花廊殘餘建築。

在歷史上，1871年占據巴黎的革命分子「巴黎公社」選擇了玉石俱焚的激烈手段，焚毀代表皇室專制的建築物，如羅浮宮、杜勒麗宮還有巴黎市政廳等。所以，原本從亨利三世到法國大革命，甚至是第二帝國、第三共和時期都一直存在的杜勒麗宮，就這樣被燒光了。

說起來我也很瞎，住在法國也從不會關心這些法國的過往歷史，只是覺得這座杜勒麗花園很美，沒想到還有一座被燒掉的杜勒麗宮，被燒掉的廢墟就在1883年被拆除完畢。

我們現在每次經過羅浮宮前面，就只見到穿過古典建築底下拱門的道路，跟小小的圓環花圃。然後從小凱旋門底下穿過，走入杜勒麗花園。有圓形的大水池，讓遊客隨意坐下來休憩，兩旁也有筆直的樹蔭跟石椅讓大家坐下來欣賞風景。

優閒安靜的園林，是我周末假日，除了盧森堡公園外的另一個選擇。

靠近協和廣場大門的地方，有左右兩座高起來宛如馬蹄fer à cheval的露臺，是當時的皇室貴族們及後來帝國時期上流社會紳士仕女們閒晃欣

賞風景的制高點。可以全面欣賞園林之美，更可以眺望塞納河風光。

　　法式園林之美，總是在幾何圖形與高低落差之間，找尋美感的層次。藉著四季起迭的色彩變化，如葉子由綠轉黃轉紅，甚至掉光的寒冬，都能夠與周圍的建築產生絕世的美感。

　　只要在巴黎待上一年，經歷過春夏秋冬，你就能深深體會到畫家們筆下的巴黎，就在你眼前。有時我在寧靜的下雪天，從橘園美術館的窗戶，看向杜勒麗花園，那雪白的場景，真的會讓你永生難忘。

　　當然我也曾穿過冬天的杜勒麗花園，穿著黑長過膝的大衣，我喜歡穿著歐洲感的衣服，踩耐走厚重的鞋子，腳印碾壓過皓白雪地，遺落一點一點寧靜的足跡。根本無法想像這座花園，原本是座瓦片tuiles的製作工廠。

　　我有個好友很愛講杜勒麗宮的「紅衣男詛咒」，我卻只覺得杜勒麗花園的皇家姿態仍在，雖說，每次回巴黎去到這些地方，總覺得它都沒變，總會看到靠希沃里路Rue Rivoli的摩天輪。

　　基本上，法國人是很保護巴黎的，所以，當時選擇了向德軍投降的方式來維護巴黎面貌的完

整，避免被空軍轟炸的危機。會發生類似「巴黎公社」這樣焚燒自己國家的歷史建築與藝術寶物，還真的是讓人覺得這些革命分子瘋了。

我在巴黎居住時，就經常聽到巴黎人在討論大巴黎計畫。但我很好奇的事是，從羅浮宮到凱旋門，還有新凱旋門，根本就沒有成一直線啊?!

有個說法，巴黎打算在杜勒麗宮的遺址上建造個傳遞杜勒麗宮意象的展覽館，以巴黎現在城市意象思維，這是非常有可能的。像最近巴黎歌劇院進入整修時期，巴黎市長怕大家無法接受巴黎歌劇院外面搭建很多工程鷹架的情況，所以找來了法國藝術家JR的視覺錯覺藝術，以巨幅的大壁畫，描述著柏拉圖的洞穴在哲學家家中的傳說。前面的廣場階梯還在，路人經過別有一番特殊視覺差。

雖然歌劇院在整修，但芭蕾舞表演仍在這個大型視覺藝術中進行，也吸引很多民眾一起體驗戶外觀賞芭蕾舞的另類樂趣。

羅浮宮因為改成開放給民眾參觀的美術館而逃過一劫。

來羅浮宮你應該準備什麼？

　　我在草擬新書大綱時，想的只是我該告訴讀者關於巴黎的哪些東西，當然也是對我過往的巴黎居住記憶提出疑問？猶記得，第一次的巴黎自助旅行時，當我站在羅浮宮金字塔前面對法王路易十四雕像時，對眼前這棟偉大的建築充滿了崇敬，一個國家能夠擁有這樣的一棟收藏橫貫東西方藝術品的博物館，是多麼讓人羨慕的事情，所幸這棟

曾經是皇宮的建築也在歷史中逃過了一劫。

　　歷史上的「巴黎公社」焚燒事件，讓原本擋在羅浮宮前面的杜勒麗宮變成廢墟，也讓羅浮宮的真實面貌重現在法國人面前。後來的法國密特朗總統邀請了國際知名建築師貝聿銘來設計現在大家所看到的羅浮宮金字塔入口，為了整理羅浮宮前的地更是大費周章，為了把博物館的售票與入口放到地下室，地下一樓變成了紀念品商場跟精品街，供旅人們購買屬於巴黎的回憶。

　　在上下小金字塔如水晶方塊般設計的玻璃窗下，地下商場的採光更加自然。如果你位於地下商場，往與羅浮宮售票入口反方向的地方走去，會發現以前的城堡牆垛的基底遺跡。羅浮宮在12世紀時，還只是個法國國王的防禦城堡，當初的城堡名稱就叫作羅浮堡Château du Louvre，你可以從許多歷史文獻中包括皇家圖書館中所保存的古法文天文曆法書中，看到以前雪白藍頂的夢幻城堡模樣。

　　據說，羅浮Louvre這個字跟早期這地方附近出沒的狼群有關，法語的狼字是Loup，而在狼群出沒的年代，這地方也是座簡單的狩獵兼防禦的小城堡罷了。當時的法王宮殿主要是座落在塞納河的西堤島上。可見當時塞納河右岸的羅浮宮附近，

只能算是離法王皇宮不遠的郊外，可以狩獵外加防禦英軍攻擊。

最近，我在誠品書店看到了一本講羅浮宮800年藝術品收藏與其歷史發展的書。如果你把時間回推到800年前的羅浮宮，就是我上面說的還只是防禦城堡時期，約莫西元1200多年前，其功用是監獄及存放王室珠寶武器而已。

到了14世紀，才出現第一位把皇宮從西堤島遷到羅浮宮的法王查理五世。而第二位搬進羅浮宮的國王，則是文藝復興時期赫赫有名的法王法蘭斯瓦一世，也就是在羅亞爾河蓋香波堡Chambord的那位，他對法國藝術文化發展有極大的貢獻。

文藝復興時期，他延攬了很多義大利的藝術家，包括我們熟知的達文西Da Vinci來到法國，當然他也把很多當時知名的藝術品跟畫作收藏在羅浮宮裡，包括大家現在最熟知的羅浮宮三寶之一的《蒙娜麗莎La Joconde》。

接續法蘭斯瓦一世的國王，就是亨利二世，他也是最有趣，造就了一座羅亞爾河上最女人的城堡，一條議事廳橋，底下有河流經過，卻隔著兩個女人的心情。

去過羅亞爾河香濃梭堡Chenonceau的人一

定聽過她們的故事。離入口不遠的地方會先參觀到亨利二世的正宮凱瑟琳麥迪西Catherine De Médicis的房間，翠綠鵝絨的軟呢椅墊，跟女主人的性格一樣，高冷不服輸，權謀而幹練。

而通過議事廳橋時，可以眺望窗外的森林水流，潺潺水聲讓你的心稍事平靜，等你到了議事廳盡頭，你感受到了芍藥紅法國鵝絨軟呢的奔放與明亮，熱情聰明的女主人，正是首席情婦黛安娜Diane de Poitiers。

黛安娜當然比較受寵，雖然比亨利二世年長，而且會提供亨利二世很好的意見。但在心機必須深沉的凱瑟琳心裡，能與亨利二世生一堆小孩才是重點。

至少，孩子才是她未來的希望。

也是！未來繼任的國王都是她兒子，都任由她背後控權。好笑的是，她老公法王亨利二世走後，她不想再住在羅浮宮，然後就自己異想天開，直接在羅浮宮對面，蓋一座義大利文藝復興風格、屬於南北向長廊式的杜勒麗宮，然後用兩條花廊Pavillion de Flore跟羅浮宮連接起來。

說起來，以前的皇室跟百姓真的完全不能見到面，她們住的地方一定要圍起來，連蓋新宮殿也要

跟舊宮殿連起來,說是方便走動,應該也是不能隨便拋頭露臉,很有可能會被暗殺或刺殺。

所以你說,路易十六的小瑪麗皇后十幾歲就從奧地利嫁過來,很想看看跟奧地利不同的法國花花世界,還真不容易。如果你也了解當時法國的環境衛生,你會想到這些皇宮貴族應該更怕死,連水都不敢碰,所以,不敢洗澡,所有的清潔都只能靠香粉或香水。

從亨利二世一直到路易十四前期的法國君王,多半以居住在羅浮宮為主,只有亨利四世跟路易十三比較喜歡住在杜勒麗宮,其他像巴黎東南郊外的楓丹白露宮或是羅亞爾河的城堡群,都是法王們高興隨時出遊,然後任意居住的地方。

巴黎西南近郊,原本只是路易十三狩獵行宮的凡爾賽宮,被成年後掌權的路易十四擴建成現在的華麗規模後。他就在1682年決定把接待外賓及辦公住所一起搬到那邊去,羅浮宮就又瞬間變成了堆放藝術品的閒置空間。

搬遷住所,其實跟路易十四在凡爾賽宮弄了個超豪華的鏡廳有關。不僅整個凡爾賽宮的花園規模與宮殿設計堪稱當時歐洲各國之最,連鏡廳的

設計在當時也是創舉。

因為當時的鏡子製作技術一直被義大利威尼斯壟斷，就是大家很熟悉的製作彩色玻璃很厲害的穆拉諾Murano那邊。路易十四的財政大臣柯爾伯Colbert費盡心思才把義大利的製鏡技術弄到法國，並加以發揚光大。

而且在接待外賓時，特地請他們從鏡廳裡看出去凡爾賽宮花園的風景，等於是一種國際行銷。參觀過凡爾賽宮的外賓，回到自己的國家就紛紛仿效。奧地利維也納的熊布朗宮Schönbrunn，還有德國南部巴伐利亞地區基姆湖紳士島上的海倫基姆湖宮Herrenchiemsee的建築風格，就都有凡爾賽宮的影子。

前面我們講到羅浮宮跟杜勒麗宮連在一起，所以在1870年巴黎公社的燒毀事件中也遭到波及。幸好，羅浮宮沒有像杜勒麗宮那樣被燒成廢墟。

羅浮宮的命運則是早在1793年，就是君主制被廢、路易十六夫妻被斷頭後的那一年8月，這座擁有歷屆法王們藝術品收藏的皇宮，就因此華麗轉身，變成了開放給民眾參觀的中央藝術博物館。

這個轉變很重要，畢竟它所代表的皇家君主意義相對減少許多。不像杜勒麗宮，一直受到除了

路易十四外，各任法王的喜愛，甚至是法國大革命後的拿破崙，還把杜勒麗宮當作第一執政的官邸，甚至稱帝後，把杜勒麗宮改成皇宮。

後面的執政者也是相繼把杜勒麗宮當皇宮，對法國老百姓來說，凡爾賽宮已經跟上一代法王們的窮奢極慾畫上等號，所以法國大革命後的執政者統統不敢碰凡爾賽宮，而選擇了杜勒麗宮，但這也是讓杜勒麗宮難逃燒毀命運的主因。

羅浮宮這時候已經是開放給民眾參觀的博物館了，自然就安全許多，從拿破崙開始的執政者也陸續的幫羅浮宮修建新風貌，像黎希留館Richelieu跟德農館Denon都是在拿破崙三世時修建的。

我每次看到建築物上面的雕像，那些都是法國歷史上的偉人，我其實也不知道他們是誰，但我就常想，還好巴黎不常發生地震，不然這些雕像早就掉下來了，真怕會有那麼一天?!

回到我的標題，來羅浮宮你應該準備什麼？

其實，請抱著來一次看一次的心理準備。
畢竟，無法一次看完所有的藝術品，而且
每次展出的內容也會更動。

唯一不變的是建築物本身跟它的歷史。至少

在你看了羅浮宮三寶後，逛一逛這座曾經是很多法國國王住過的皇宮，也是另一種獨特的羅浮宮回憶。我進去很多趟羅浮宮，每次都會看到不一樣的展覽跟畫作。

可是在我內心深處，最難忘的，是穿梭在黎希留館裡那一座座雕像之間的那股靜謐的光影。

離羅浮宮不遠的魏雷咖啡
是我以前唸書時最愛去的小咖啡館

改造後的巴黎中央大堂 les Halles 新風貌

從中央市場往龐畢度中心

　　你今天想吃Quick還是Flunch？我們那個年代的法國留學生，習慣進去的速食店不是麥當勞，更不是肯德基，而是以上這兩間。但若是以價位及用餐環境來來區分，Flunch是比較像是臺灣的龐德羅莎或樂雅樂那類的餐廳，對現代年輕人來說，也像是IKEA餐廳的那種。反正，Quick跟Flunch是我們那一代人的巴黎簡單吃一餐，又不想吃學校

餐廳RestoU的「回憶殺」。

為何會提到這兩家連鎖餐廳呢？Quick速食店在盧森堡公園對面有一家，我每次都坐在二樓，看著對面公園裡美美的風景解決午餐或下午茶，我也經常帶朋友一起去隨便吃。而Flunch餐廳是我經常跟朋友約見的地方，特別是在中央市場Les Halles這一間。

我還記得有次我遇到了扒手來動我的包包，是一位坐在我斜對面的法國女生見義勇為，把那個扒手吼走。這也是我在中央市場的美好回憶，雖然那個扒手邊走邊罵那個法國女生，但那個女生也沒在怕的嗆回去。

說真的，要看一個地方治安好不好，就要看警察出現的次數多不多，就知道！

這裡是經常很多警察巡視，但還是免不了很多觀光客遭到偷拐搶騙之類的事。但我剛去的時候，確實有被扒手事件嚇到，但居住在巴黎的日子久了，也就會習慣忽略這些每天可能會發生的事情！

我的語言交換也都是約在Flunch餐廳裡頭；跟法國朋友隨便吃喝也是約在那邊；有時候，在底下的UGC電影院看完每週三的首輪早場電影，也就會直接在Forum des Halles一樓的Flunch解

決午餐。東西也沒有特好吃，但就是選擇多、座位多。後來旁邊也開了Paul麵包店，偶爾我們想吃甜點下午茶也會約在那。

我2017年回去時，Forum des Halles已經不復當年樣貌，但是對面的au père tranquille安靜老爸餐酒館還在，依舊是觀光客跟當地年輕人的最愛。

嶄新如金色彩翼飛翔的Forum除了一樓那間叫作「du Bruit dans la Cuisine廚房吵鬧聲」的烘焙材料用品專賣店還可以逛之外，樓下的店呢？都是些針對年輕人的連鎖品牌，說真的，沒什麼好逛的。

我就直接走過去逛一下我以前最常看電影的地方UGC，已經有不用排隊的自住售票系統可以使用。當下沒有我特別想看的電影，我就沒有進去回味一下法國看電影的樂趣。

說實話，這些年有好幾次回去巴黎，都覺得風景建築與人的感覺大致上沒什麼改變的感覺，但誠如我嫁給法國人的朋友說的，這些年巴黎人變窮了，我以一個觀光客的腳步走訪很多名店，確實巴黎人是窮了許多。

特別是物價在全世界的通膨聲中逐年成長，

而堅持守住自己原則的法國人似乎也面臨開放，甚至心不甘、情不願的追逐世界潮流。還非常努力，甚至似乎有業績壓力般的想把米其林林美食評鑑的觸角伸展到全世界各地，說是要傳遞米其林精神給全世界。

弔詭的是，米其林評鑑的出現，當初是為了在法國舉辦萬國博覽會時，可以透過這樣的評鑑結合米其林輪胎的產業，讓世界各地來到法國的觀光客，可以透過綠色跟紅色指南，走訪跟體驗法國各地特色美食。

那現在，在亞洲的米其林評鑑，為的是幫各個擁有米其林評鑑的城市，推廣觀光或美食嗎？
我是不確定。

因為我不覺得，香港或新加坡人會特地大老遠跑來臺灣吃臺灣的米其林星級餐廳?!而臺灣人，或許會特地前往日本或香港、新加坡等地品嘗一下當地的米其林星級餐廳，但不見得會真正帶動起當地的美食觀光。

可以確認的應該是，米其林評鑑所提倡的「貼心、細緻」的法式餐飲文化。

其實，連法國當地的餐廳都不見得會在乎米其林美食評鑑！他們應該比較在乎熟客老饕們的長

久光顧。

在中央市場這地方，我們常常會去找些巴黎以外地區來的餐廳來品嘗。比如，在「傾聽Ecoute」的現代石雕藝術跟聖猶士教堂Eglise de Saint-Eustache附近的巷弄內，有間來自法國西部布列塔尼的海鮮專賣店，或者有賣法國東部亞爾薩斯豬腳Choucroute à l'alsacienne吃法的豬腳老餐廳au pied de cochon。

在巴黎，其實美食五花八門，巴黎人的味蕾挑剔又喜新厭舊，其實是很難搞的。特別是你如果跟法國人相處，絕對是AA制的，不分男女，除非你找個非得請客的理由。

那巴黎人呢？生活艱難加上錢難賺、稅金高，小氣是必然的啦！更何況，巴黎物價也比法國其他地方高很多，所以對活在美食之都的巴黎人來說，好吃是必要，但性價比不夠的話，他們也不會買單的。

每次看某些網路平臺的影片介紹，一堆躲在巴黎偏僻巷弄的小餐館裡頭滿滿的饕客。拍攝的過程應該也是事先溝通過，什麼時機過去採訪比較好?!吃飯的人比較多?!不然，問不到吃飯的人，餐廳冷冷清清很難說服這家餐廳有多厲害?!但有

一點，巴黎人的飲食習慣是可以確認的，他們習慣去吃習慣吃的餐廳，喝習慣喝的咖啡館的咖啡，所以，每間厲害的餐廳都有死忠粉絲。

是不是米其林餐廳？倒顯得，
不是那麼重要了！

12世紀時，中央市場就已經存在在現在Les Halles這個地方了。當時的法國國王菲利二世為了要讓全國來巴黎售貨的商人們一個遮蔽的地方而擴建它，的確以當時皇宮在西堤島的地理位置來說，這市場的規畫對於送貨到皇宮裡，也是方便，跨過賽納河過個橋就到了。

到了19世紀中期以後的中央市場，出現了規畫整齊、有著黑色鐵架玻璃的市場建物，當時的人稱這樣的建築叫作Pavillons Baltard巴爾塔德式建築，是當時很厲害的法國設計師維克多巴爾塔德 Victor Baltard 的設計。造型有點像鐵製的鳥籠房子，通風良好而且頂端有玻璃遮蔽，採光也好。雖說，好像解決了市場的混亂，但你看到當時的照片，就會發現外面的流動攤販也是一堆。

這點跟我們臺灣的市場規畫很類似，政府好意蓋棟建築物讓攤商進駐，卻還是很多流動攤商

在外面，說是熱鬧，其實也是一種混亂的美好。畢竟對買賣的人來說，交易才是一切，這些混亂，等買賣結束後再來收。

當時19世紀知名作家左拉就把這中央市場稱為「巴黎的胃Vendre de Paris」。不僅是巴黎當時最大的市場，更是批發貨物的集中地，當然，一定也是交通與治安混亂的地方。

在中央市場不遠的地方，有個無名氏紀念碑，那都是過去不知道是哪些人死在這裡，留下了遺骸。後來，據說這些遺骸被遷到南邊的巴黎地下墓穴博物館裡頭，現在就留下這個紀念碑。

我看歷史以及聽我法國朋友說的，以前的中央市場，在還沒處理好這些無名遺骸的那時候，地上都是屍水垃圾，空氣中瀰漫著屍臭味，環境衛生問題堪憂，聽起來真得很恐怖。

不過，有一次我看電影《香水Parfum》（2006）的一開始，就是在市場裡，剁魚頭的血水腥臭、蔬菜果皮垃圾等餿味，然後一個沒有呼吸的孩子出生。我就想到了中央市場的過往，也許只是不當聯想罷了。

我們背對著中央市場，往前走，經過無名氏紀念碑Fontaine des Innocents之後，就會看到龐畢度中心Le Centre Pompidou前的廣場，還有右邊充滿童趣的史特拉汶斯基噴泉Fontaine Stravinsky。

對第一次來巴黎的人，一定會對著眼前這座五顏六色有著煙囪外露的工廠設計，以及右邊噴泉的繽紛而狂拍不已。在我居住巴黎的那幾年，我應該進去不到五次，可能是因為它的展出我不愛。

我的藝術涵養比較屬於印象派或是更早的傳統古典畫派，我喜歡的建築也是比較古老的建築，對新現代的建築我比較無感。對於房屋內部的裝潢設計，那種金碧輝煌無比的洛可可風格也不是我愛的。

所以，凡爾賽宮的華麗鏡廳跟巴黎歌劇院的新古典裝飾，我都只進去過一次，其他宮殿裡璀璨無比的皇室臥房書房對我而言，也是奢華卻遙不可及，我有錢也不想打造那種感覺。

有很多法國有錢人，對穿金戴銀有著無比的喜愛，而且戒指愈大愈好，沒在怕的。但這些穿戴與居家風格，愈來愈不屬於現代的年輕法國人了。

時代感的變化，有時候就是不知不覺的在時間中交替。每一代的人有著每一代人該有的審美觀與生活感。像現在的巴黎中央市場，看起來比以前乾淨有設計感，但地面永遠有著垃圾，地下街永遠就是冷清跟黑暗，以前是賣很多便宜貨很多人買，現在則是進駐很多連鎖品牌卻沒人買。

　　愈來愈窮，似乎是這個世界愈來愈相同的地方。跟這個世界的美感設計，愈來愈多電子化，愈來愈空洞，像極了現代的人心。

以前的窮，讓生活有了層次；現代的窮，讓世界沒有了距離。

金蝸牛餐廳這些年似乎愈來愈「金」了，
附近街上也愈來愈多年輕人。

金蝸牛餐廳所處的那條街

　　上一篇講到中央市場的過往與現在，我到巴
黎的時間，正值1971年之後，原本的黑色巴爾塔德
Baltard鳥籠般建築以及建築旁邊聚集的一大片
流動攤販統統被遷走了。我看到的是已經跟巴黎
地鐵Châtelet - Les Halles密不可分的地下商場建
築。說真的，當時真心覺得這是巴黎最醜的地方，
又亂又髒又醜，而且可怕的怪怪年輕人很多，在地

鐵閘口逃票的人也多，我也因為穿著過於隨便而被路過的警察攔下來過。

那一次之後，我就再也不敢亂穿出門了。說是隨便穿，也就是現在流行的運動風罷了。但那個時期的巴黎不流行運動風，而且運動風很容易被他們巴黎警察認定為方便逃逸跟做壞事的衣著象徵。後來我都是巴黎人的穿著，不見得多奢華，但就是避開運動風跟鴨舌帽。現在聽說，巴黎的平民流行轉變得有點趣味，就是穿著帶點正式且時尚感的女子，往往是意圖要卸下你心防的扒手。

以前那些在地鐵或是觀光景點旁穿著破爛帶點髒，很容易引起注意的竊盜集團，現在穿著也版本進化了。大家還是要提高警覺！像我一貫不喜歡跟別人靠太近的人，在臺北進出捷運或看到擁擠的捷運人潮都會儘量避開跟人靠近，連在人行道走路也是。這已經是我在巴黎養成許久的保護措施，不管是不是在法國，去西班牙、義大利或德國都一樣。儘量跟別人保持一定安全距離的尊重感！

離中央市場不遠的地方，在聖猶士教堂Eglise de Saint-Eustache後方有條年輕人很愛的路——蒙托格伊街Rue Montorgueil，也是金鍋牛

L'Escargot餐廳在的那條街上。是除了瑪黑區外，很多年輕人愛聚集及吃飯喝酒的街。對我來說，我第一次認識這條街的原因，是來這條街上某間有名的甜點店買黑森林la forêt noire蛋糕，幾次回巴黎我都會特地跑去找看看有沒有賣這款蛋糕，結果是沒有！

很可惜！這家可以說是巴黎最古老的甜點店，從1730年就有了，比法國大革命1789年還早。因為法國大革命，原本被貴族們養在家裡的甜點師傅一時失業，在大革命後有的被軍官將領們養在家，有的自己出來開店，才出現巴黎很多老字號的甜點店。而這家由嫁到法國的波蘭公主帶過來的甜點師傅開的甜點店斯圖黑Stohrer一直深受巴黎人的喜愛，店內甜點鹹食都非常值得一試。

用料濃郁真實，是我對這家甜點店的評價。應該是店家一直保持著皇室的要求水準，現在的甜點主廚Jeffrery Cagnes經常在臉書粉專或是IG上面表演他的甜點手藝，是個帥又有料的主廚。在巴黎，要能持續手藝的知名度真得很考驗耐力，畢竟現在很多人也要面對人設考驗，有的人出名很快，摔下來也很快！

而且美食之都的巴黎，也是行銷相當競爭的戰場！要好好存活，除了要靠財力雄厚撐得久之

外，更要戰戰兢兢，絲毫懈怠不得。這條街上歷史最久遠的三家店，除了斯圖黑Stohrer甜點店外，還有1761年就有的老牌巧克力甜點專賣店「A la mère de famille家裡媽媽的配方」。不過，我印象中它的本店不在這條街上，在歌劇院巴黎第九區附近的那間佛布蒙馬特路Rue du Faubourg Montmartre轉角那間才是創始店。

但1832年就開了的金鍋牛餐廳就一直都在這條街上，而且門口上端的金鍋牛似乎是愈來愈金，應該是生意一直都很好吧！想去品嘗它知名的「法式烤田螺」最好先網上訂位喔，這裡就是可以好好體驗法式餐點的一處好選擇。飯後想要續攤，旁邊街上的酒吧或是不遠的瑪黑區都可以再續喝到天亮。有些年輕上班族會在下午的Happy Hour 就開喝到天黑，直到八點以後再吃點東西當晚餐。

享受當下的每一刻，已經從巴黎的空氣中擴散到全世界！

全世界的年輕一代似乎約好了，在網路世代無遠弗屆的價值觀交互影響下，大家開始只想好好珍惜當下活著的每一分每一秒。

誰也不想管下一秒會發生什麼事?!

走過這條街上，你會很容易感受到法國巴黎年輕上班族的生活態度。跟我唸書的那一個年代

又差很多。我唸書的那一個年代的法國年輕人，對未來有著自己的規畫，但擔憂是否可以實現?!而這一代的法國年輕人，想的不是規畫未來，而是現在眼前發生的瑣事，而且不管是什麼樣的蠢事都要分享！

我喜歡單獨一個人旅行，在法國這樣我聽得懂語言的國家裡行走，更能莫名其妙，不小心聽到他們的胡言亂語。但我羨慕他們的笑聲，羨慕他們只管眼前的滿足或是安安靜靜如過往的法國老人般獨飲一杯啤酒。我總覺得，在法國，特別是在巴黎的日子很難有什麼改變。

唯一我覺得的改變，是這些年很多老舊的公共空間都經過整修而開放了。比如有些在過去很美麗的建築，像1924年蓋的13區的鵪鶉之丘游泳池La Picine de la Buttes aux Cailles或是像離這條街不遠的莎瑪麗丹百貨La Samaritaine以及巴黎市政府邀請日本建築大師安藤忠雄來幫忙改造的巴黎證券交易所La Bourse de Commerce都是這幾年巴黎的一些生活上的改變。

而整個巴黎，也正積極準備迎接2024年世界奧運賽主辦場地的亮麗登場。不過，據說塞納河要變成超級無敵乾淨，可以讓人下去游泳比賽的運動場，這點想法，很撼動巴黎人的觀感，也讓他們充

滿疑慮。前不久實驗過，水質安全沒通過，不知道
事情後來會如何轉變?!

從蒙馬特聖心堂慢慢逛下來，可以到達拉法葉百貨附近。

因艾蜜莉而爆紅的蒙馬特

　　我這裡講的不是《艾蜜莉在巴黎Emily in Paris」》電視影集，而是2001年紅遍全球、榮獲多個國際獎項肯定的法國電影《艾蜜莉的異想世界 La Fabuleuse destin d'Amélie Poulain》。

　　因為這部熱門電影間接帶動了巴黎蒙馬特的觀光。甚至蒙馬特還特地推出專屬觀光行程，讓大

家走訪電影裡出現的Café des Deux Moulins雙磨坊咖啡館跟Maison Colignon科里農蔬果雜貨店，當然還有最後男女主角相遇的Basilique du Sacré-Coeur聖心堂前階梯。

位於巴黎置高點，蒙馬特有著西元幾世紀的宗教傳說，據說當時的巴黎守護聖者Saint-Denis聖德尼在奉獻生命被砍頭後，竟然出現奇蹟，他抱著自己的頭顱一路從西堤島附近走到現在的Montmartre蒙馬特，所以蒙馬特這個字在拉丁文的意思是「殉道者之山」。

近一點跟聖心堂有關的傳說，是耶穌曾經在第一次世界大戰中顯靈保護這裡，也有人說蓋教堂起初是與巴黎公社成員的贖罪有關。

不管緣由是什麼，我只知道從新藝術設計風格的Abbesses阿貝斯地鐵站走出來，你可以選擇爬上去或搭巴黎最短地鐵Funiculaire de Montmartre上去，這短短的爬坡地鐵很像香港太平山的那種，對腿力不好的人來說比較方便。

上去後，你可以左轉往Place du Tertre小丘廣場走，那邊很多街頭畫家，你可以請他們幫你畫張肖像，或找旁邊的La Mère Catherine凱特琳媽咪咖啡館喝杯咖啡。

運氣好，可以聽到附近的咖啡館傳出美妙的鋼琴聲。我喜歡這裡的藝術氣息，很多我們熟悉的畫家們如羅德列克Henri de Toulouse Lautrec、莫迪利亞尼Amedeo Modiglian等都曾經在這裡的酒吧歌舞狂歡，找尋創作靈感。

我最愛的音樂家薩提Erik Satie（注）也是在這裡創作。在廣場附近還有畫家達利Dali Paris美術館。往聖文森街rue Saint-Vincent的方向走去，還有葡萄園。

歷史悠久的蒙馬特葡萄園Vigne du Clos Montmartre也有品酒跟導覽的行程可以參加。這裡的葡萄酒雖然產量不多，但每年還是會舉辦葡萄酒節。很難想像，古早的巴黎其實有很多地方的教會都會自己種植釀酒的葡萄樹，只是因為時代變遷，土地的利用改變。就像我說的，我住巴黎的時候，都未曾想過原來我家附近的Bercy貝西以前可是非常有名的葡萄酒下貨碼頭，而且也有種葡萄。

我們總以為巴黎賣的葡萄酒都是外面運進來的，深入了解後，才了解，受羅馬帝國統治過的地方，怎麼可能會沒有釀製過葡萄酒的蛛絲馬跡?!只是巴黎寸土寸金，而且法國當地很多產區削價競爭，產量少的地區當然就無法怎樣了！

在蒙馬特葡萄園附近有家我很喜歡的咖啡館叫作La Maison Rose玫瑰屋咖啡館，因為外牆就是法國人心中所謂的玫瑰色，配上杏綠色的門與遮陽板，真美。

如果你剛好是早午餐時間來，而且天氣好，不妨在外面坐下來吃份早午餐、晒晒太陽，遠離嘈雜的小丘廣場那邊的觀光人潮，你就能真正感受蒙馬特的寧靜與享受法式餐點的美好。

附近還有間狡兔酒吧Cabaret Au Lapin Agile則要到夜裡才熱鬧。我白天經過他的次數比晚上多，翠綠色窗框配上赭紅色的牆，還有一幅兔子端酒的畫，拍起來很特別。

這酒吧晚上有很多音樂表演，喝酒聽音樂演奏是巴黎人晚上最經典的消遣娛樂。如果你也想體驗一下這樣的晚間活動，不妨約三五好友一起來。我其實在巴黎的酒吧活動通常都只到拉丁區或是瑪黑區而已。

巴黎不大，但北邊的人不大會跑到南邊來玩，畢竟喝醉酒要搭大眾運輸也比較遠，除非有特殊活動或聚會。然後從蒙馬特下來，就會遇到巴黎紅燈區之一的皮卡勒Pigalle區。

這邊有知名的紅磨坊Moulin Rouge跟五光

十色的夜生活，當然治安也是比較讓人擔心。我有時去蒙馬特，就會從皮卡勒那邊走下來。白天或是傍晚都還好。我有個朋友說她晚上經過那邊，感覺上都有壞人跟蹤她，當然也有不想理她的路邊夜班女郎。

其實那邊走下來，已經離拉法葉百貨不遠了。當然，如果你不是像我這種在巴黎練習過腿力的人，還是不要輕易嘗試，最好還是搭地鐵。

最後，回到我去參觀聖心堂的心得，裡面的中殿上方的鑲嵌畫可說是金碧輝煌，特別是耶穌張開雙臂露出胸前的聖心時，那種神愛世人般的感動，去到蒙馬特的人，真的不能錯過。

我曾經從下午去蒙馬特玩到天黑，看到聖心堂亮燈後才下山，當然也俯瞰了巴黎的夜景。我從南邊看巴黎夜景的經驗，則是在艾菲爾鐵塔頂端樓層，往北邊山丘上亮燈的聖心堂看。

看過巴黎的夜景，你就會深深感受到這座17世紀就被譽為「光之城 La Ville Lumière」的城市魅力。我看著漆黑卻反射著地面光亮的巴黎夜空，那夜忍不住的吹拂，我經常想起夏卡爾Marc Chagall的畫，神祕而超現實的筆觸與色調。

就像電影《艾蜜莉的異想世界》中有段情節描

述艾蜜莉在想著，每晚巴黎有多少對戀人們在做愛？而且多少對可以達到高潮？我則是想，酒吧裡又出現了多少個邂逅搭訕的情節！

巴黎，因為長久以來，對藝術文化的維護與支持，而形成了浪漫的城市氛圍。在這裡住久了，很難不談戀愛。加上這裡的人，完全不把年紀當一回事，只在乎能否跟對方相處跟溝通，還有日子久了是否可以依舊包容對方？

所以，tout est possible一切都有可能，或是pourquoi pas何不試試？這樣的城市氛圍很容易讓人膽子大起來，反正就試試，被拒絕又何妨？反正，一切都有可能。

我看人的習慣，隨著離開巴黎而愈來愈弱。以前住在巴黎的時候，大家在任何場合、任何時間，看來看去很正常，不小心對到眼了，就跟對方笑一笑。我回臺灣久了，漸漸失去看人的能力，深深害怕不小心對到眼了，會被揍或挨白眼！

算了，好的習慣還在留在巴黎，當作此生最美好的回憶。

注釋：薩提（Erik Satie，1866-1925），法國作曲家、鋼琴家，常被稱為「音樂界的叛亂分子」或「音樂界的怪人」，被視為當代的幽默大師之一，也是二十世紀法國前衛音樂的先驅。

逛巴黎最古老的市場街，是巴黎人週末的日常。

最古老的市場街可逛什麼

　　在臺灣剛開始學法語時，教材裡有一課講到書中的主角是鋼琴家，住在Place de la Contrescarpe科特斯嘉廣場附近。這小廣場周圍都是咖啡館，年輕氣息濃厚。法國的傳統咖啡館不是純然喝咖啡的地方，多半還有販賣酒精飲料跟香菸，偶爾有些小甜點如烤布蕾crème brûlée之類的。

**跟臺灣的咖啡館經營不同之處，在於巴黎的
咖啡館比較少茶飲，如果你只喝茶不喝咖啡，
建議找salon de thé茶館。**

科特斯嘉廣場就在慕浮塔街Rue Mouffetard
地勢較高之處，從廣場沿著慕浮塔街往下走，一直
到下坡處的尾端，會豁然開朗的出現教堂Paroisse
Saint-Médard與花圃噴泉。

如果你晚起來到這裡，就無法感受到早上市
集的熱鬧。這個巴黎最古老的市場街，從西元三世
紀末就有了。很多文學家在他們的文學作品裡都會
寫到慕浮塔街，這邊都可以用法語的「Pays國度」
來形容了！

**我對一個地方的了解，往往都是透過逛市場，
從他們的生活日常食物中了解他們的
生活習慣。再者，市場的人群互動，也是最
直接有趣的！**

有一回，我想體驗這裡的市場狀況，我就特別
早起，大概清晨5點半左右到達慕浮塔街市場，那
個攤位聚集與喧囂，真的是打破你在下午時分對這
條街的感覺。

我猶記得，我經過某間咖啡館，聽見急忙下
貨的司機，走到吧臺對著裡面的人喊著un café
double兩倍濃縮的咖啡，然後，三兩下一小杯超濃

的咖啡就舉頭飲下，緊接著再走回他的卡車那邊繼續下貨。

這些司機應該都是從巴黎以外的地方送貨進來的。我喜歡參與這樣的生活場景，就像我半夜不睡去基隆崁仔頂看燈火通明的魚市場一樣！

等他們下好貨整理好攤位，一時間我彷彿有種跨越時間來到古老年代的市場街。說真的，市場上的人說的話，除非你很懂產物本身的風土跟地域特色，還有哪邊的特產最佳？甚至價格大概多少，合不合理？在法國市場買東西，只能靠嘴巴溝通，商家不會讓你碰食物的。對他們來說，他們的產品就是他們的寶貝，碰壞了都會捨不得。

我家人來巴黎找我時。我也帶他們去逛慕浮塔市場街。臨行前，我跟我媽千叮嚀萬囑咐，看就好，千萬別用手碰！但我媽那個臺灣市場老手，看到海鮮總是會忍不住想要去掐一下魚肉彈性。

才剛伸出手指要往海鮮攤上的魚靠近時，立刻聽到魚販大聲喝止！嘴裡吐出一堆巴拉巴拉的法語，當場把我嚇出一身冷汗。我急忙跟對方說對不起，還佯裝斥責我媽，對方才停止謾罵，我媽著實也嚇一跳。

那一次後，她到很多地方都變乖了！進服裝店也不敢亂翻亂挑，我還帶他們去逛精品店，事先提醒我媽說，喜歡什麼想試什麼，先跟我說，我來請店員拿給你。像鑽錶或手飾，你只要伸出手，讓她們幫你戴。試鞋，就請坐下來，讓店員拿給你後，再慢慢試。包包也是，直接跟我說，我請店員拿給她背背看。反正，就是不要拿出在臺灣那種直接挑來翻去的習慣，這樣會很丟臉。

經過一番調教，我媽瞬間愛上在巴黎變公主的尊榮感！她感慨的說，巴黎除了美，連來這裡花錢都覺得自己很高貴。

我媽從小就在市場買賣裡出生入死，她第一次發現，原來自己也可以優雅的買菜！而且攤販把蔬菜水果都擺得很美，這點讓喜歡美麗事物的她很讚嘆。還好她不會講法語，不然她應該會馬上心生「用法語還是無法殺價」的挫折感。

我早起到市場逛逛的這一次，買了木片盒裝的新鮮草莓吃。我同學還跟我說不用洗，我就傻傻的沒洗，然後吃了幾顆。人生難得的嘴巴破就此發生。後來我再也不敢不洗就吃。

不過，法國當地產的草莓很香，但也很酸。我法國同學都笑說：「你要拿來做果醬啦！直接吃本

來就會比較酸。」我說:「我們臺灣的草莓都很香也很甜!」他們笑著搖頭,一副怎麼可能的懷疑表情?!

有一年我去義大利旅遊,吃到佛羅倫斯市場賣的草莓,真的是又大又甜!我想應該是產地跟品種不同的關係。

我每次回巴黎,都會回到慕浮塔街上走走。每次都可以看到哪些店不見了?又多了哪些店!還好的是,經常排隊的烤雞店Boucherie Saint-Médard生意還是很好、起司專賣店La Fromagerie跟那家萬年海鮮店La Poissonnerie Mouffetard還在,強調手工麵包的麵包店Le Fournil de Mouffetard則是永遠有著很長的排隊人龍,法國人還是比較熱愛手工麵包。

慕浮塔街上永遠飄散著古老貴族的氣息,當我知道這地帶是巴黎最早發展的地方,而且羅馬統治時期的公共商場Forum也在附近。

就很難不被它充滿歷史與商業共存氣息而吸引,附近也有兩座經常上演舞臺劇的小戲院。這裡就是巴黎商業概念的源頭,做生意同時也要有文化感。這裡的店有些是古蹟建築,不僅好逛而且

多，餐廳咖啡館更是，而且經常聚集很多朝聖的觀光客。

　　這條街最有名的餐廳就是魏崙咖啡館La Maison de Verlaine，這餐廳其實是1896年法國詩人魏崙死掉的房子，美國作家海明威也曾在1921年左右光顧過這家店。說穿了就是吸引觀光客的噱頭！我不是很喜歡這樣放了很多黑板跟說明的餐廳，更討厭店家菜單上好多語言版本，這種針對觀光客的餐廳，口味多半會偏掉。這是人性使然，因為店家總認為觀光客想吃的，只是法國菜這個名字。

　　最後，如果你還有胃，這條街上的鹹派甜塔專賣店La Maison des Tartes可以試試，還有在教堂花圃噴泉附近的知名甜點店Pâtisserie Carl Marletti卡爾馬勒提都是值得你現場品嘗或外帶的店。

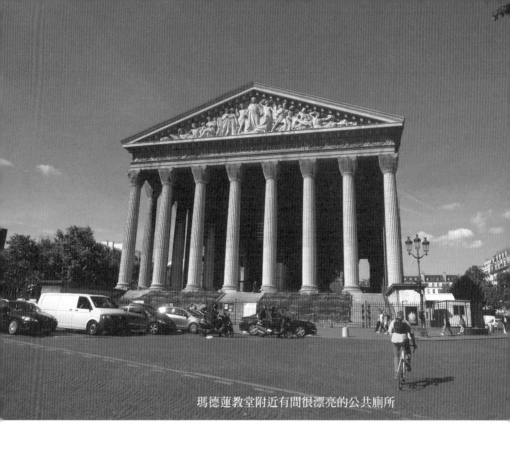
瑪德蓮教堂附近有間很漂亮的公共廁所

在巴黎上廁所真的很麻煩

其實最麻煩的，往往是自己！
而且在巴黎的廁所大小事，連法國人都不見得搞得過?!

我有個從臺灣來巴黎找我玩的朋友，他的生活習慣就是無法使用外面的廁所，但他也不好意思跟大家說明。只是在有一天，我們一群人去蒙帕那斯附近逛街時，他人突然神隱了。經過我鍥而不

捨的盤問下，他才幽幽的說了句：「我無法使用外面的廁所，我跑回去飯店上了！」我心想，可能是大號，他平常習慣在心情安定的地方上，現在人在巴黎，人生地不熟，怕上不出來吧！

又一次是在巴黎聖母院附近的咖啡館裡，另一群從臺灣來巴黎找我的朋友，大家彷彿已經有了上廁所的默契，趕快趁喝咖啡的時光把尿撒一撒，不然在路邊的公共廁所上就要另外花錢。

在巴黎，大家覺得最貴的，不是精品，而是上廁所的錢！

在臺灣的生活太過便利，捷運、加油站，甚至連超商也都有廁所可以免費使用，而且多半都有專業的人在清潔管理，很是乾淨。有些吸引觀光客的夜市或景點也會提供廁所的服務。大家自然而然覺得，自己寶貴的揮灑是不用再額外花錢的。哪知在巴黎，這麼不方便，上個廁所都要另外花錢。畢竟，大家也不敢入境隨俗，跟某些法國人一樣，直接在塞納河邊或花園轉角處就的解決。

甚至，我也見過在地鐵站內直接對著鐵軌揮灑的在地法國人，那掏出法寶的瞬間，嚇壞了一旁的觀光客。不受到任何影響的女子，多半是在巴黎住很久，見怪不怪了！

上廁所這樣的大事，每天上演著很有趣的橋段，偶爾你想在麥當勞那樣的連鎖餐廳上廁所，你要在點餐的同時跟櫃員要密碼，才能使用廁所。畢竟，在巴黎發生過有人借廁所吸毒的事情，所以，櫃員也會特別提高警覺。

我法國朋友Damien有次在酒吧喝酒時，告訴我們他在廁所發生的糗事。他說那天他在某咖啡館喝咖啡，然後突然覺得想拉肚子，就急忙的跑進咖啡館的廁所。一陣唏哩呼嚕，全身暢快之後，竟然發現自己的口袋沒衛生紙可以擦屁股。

在巴黎咖啡館的廁所會不會提供衛生紙要看運氣，他剛好碰到沒有衛生紙的廁所。他剛好心生一計，就用他右手的食指跟中指一起把他屁眼上的殘糞輕輕抹去！然後，用力往牆壁旁邊的垃圾桶的方向甩去，哪知手太長，一下子甩到牆壁。

唉呀一聲！手痛的直接把手指頭往嘴裡一塞！oh merde！聽到這裡，我們大家噗哧大笑，然後笑到東倒西歪。我另一個朋友還接著問說：「好吃嗎？味道如何？」

這真是我聽過最有趣也最難忘的廁所笑話！

話說回來，身為觀光客，要不花錢在巴黎上廁所，真的要找百貨公司或博物館等公共場所，不然

就是你吃飯的餐廳跟喝咖啡的咖啡館。

2024年巴黎即將舉辦奧運，有知識網紅用影片推薦大家去參觀巴黎幾間非常美麗的公共廁所，如離協和廣場不遠的瑪德蓮教堂Église de la Madeleine旁邊就有間1905年完工，屬於新藝術Art Nouveau風格的公廁，那也是用來提供給當時萬國博覽會的觀光客使用的。

對某些巴黎人來說，我有繳很高的稅金，我理所當然的可以在路邊尿尿，因為整個巴黎就是我家；或是我的寵物在路邊大小便，也理當由政府派人清理。

以前我看過巴黎清理寵物大便的過程，很有趣。一臺綠色摩托車經過時，騎士拿出類似吸塵器的管子一吸，地面上的糞便自然不見。但現在這種巴黎街景再也看不到了。從2003年起，巴黎的寵物糞便就得要飼養人清理了，不然要罰款。

我不知道是太習慣巴黎的上廁所祕訣，還是怎樣?!我竟然對自己回巴黎時，怎麼上廁所的事完全想不起來？而且我每次回去都待很久。

唯一有印象的，好像是在Rue Rivoli 希佛里路上的Le Meurice酒店，還有皇家宮殿Palais Royal旁邊的米其林餐廳Le Grand Véfour。主要

的目的，是我想參觀五星級飯店的廁所，還有了解這間18世紀就有的米其林餐廳，它的廁所會是怎樣的風格？

在歐洲人的觀念裡，就算是男生，遇到該坐下來的馬桶，就是得坐下來尿尿。除非在外面，遇到的是一排的小便斗，那才是該站著尿尿。這是我在巴黎唸書時，系上的歐洲同學們所告訴我的。他們分別來自英國、德國、奧地利跟盧森堡，連我法國同學也贊同說，的確這是他們的生活教育。

所以，他們比較不會發生我們亞洲人的「掀馬桶蓋」問題。
認知，確實會深深影響生活的面相。

我基本上會出門前吃完早餐，把廁所裡該做的大事做完。其他像尿尿這種小事，就交給飯店、餐廳或咖啡館。所以，我從來都沒有利用到路邊的活動廁所。

像我那個從蒙帕那斯奔回旅館上廁所的朋友，其實是有搭地鐵回旅館，也算一路向北衝回去解決大事，他們那時住在老佛爺百貨後面。我也很佩服他的忍功！畢竟，旅館不在附近，而且要從南到北搭地鐵，再走回旅館房間裡上廁所。

跟團到巴黎旅行的人，多半團進團出，而且住

的旅館也靠郊區。萬一遇上肚子不舒服，而且是劇痛到萬馬奔騰，那該怎麼辦?!

建議你，要習慣隨時帶著衛生紙或者隨時補充衛生紙。我也遇過廁所裡有紙，但只剩下兩小張（滾筒式、薄薄肉紅色的那種）。那真的很難用，不小心還會弄破！只好，出來時好好把手洗乾淨。

要不，等一下該怎麼拿法國麵包？
而且掰著吃?!嗯……

來巴黎旅遊最好避免舟車勞頓，才可以好好欣賞風景優雅慢遊。

來巴黎玩最好住在市中心

　　我是個鮮少參加團體旅遊的人，從最早的航空公司地勤到來巴黎唸書，回到臺灣從事媒體工作等，我人生有大半的金錢時間都花在海外居住與自助旅行上面。對有些人來說，會覺得我的語言能力可以幫助我在獨自旅行上暢通無阻。其實也不盡然。我到了除了法語以外的歐洲國家，也就是跟大家差不多，靠英語不見得說得通。但，自己習慣面

對旅行中的險阻，去哪裡旅行都很容易適應。

我在寫書之前，原本有打算跟臺灣某些旅行社合作帶巴黎深入團，結果看到的多半是「拉車」行程的規畫。就我個人近幾年來的觀察，其實大家愈來愈喜歡所謂的「深度」之旅。我在巴黎住的13區，有很多專賣東南亞行程的旅行社，最熱門的景點除了泰國就是印尼峇里島。法國人很愛深度旅行，在海邊放空晒太陽，頂多就是在峇里島的烏布或泰國某些景點了解一下當地的傳統文化。

臺灣的年輕人現在也愈來愈多人喜歡定點或深入了解一座美麗城市的文化，跟以往團體走馬看花的玩法很不相同。所以，去到某個城市之前，就會先做足功課，包括交通地鐵票怎麼買？景點怎麼搭地鐵過去？怎麼玩比較便宜？網路上的資料一堆、當地可以選擇的主題旅遊行程一堆、KOL介紹的行程一堆。

以我的經驗，我會建議來巴黎旅遊，儘量找市中心的旅館住。

巴黎曾經舉辦了五次世界萬國博覽會，而且為了因應國際觀光客的需求，在20世紀初就出現米其林綠色旅遊指南跟紅色餐飲住宿指南，甚至還有一張隨時在各大加油站都可以免費拿到的米其林汽車旅遊地圖。

地圖上面鉅細靡遺的記載著各地的米其林評選餐宿資料提供駕駛人參考。不管是巴黎或是法國其他地區，如果你選擇自駕遊，都可以開得開心、吃住得愉快，連麥當勞都標在上面。

所以，像巴黎這樣一個旅遊觀光發展已經相當健全的城市，建議大家不妨把巴黎市區與郊區往返的車錢省下來，在巴黎市區選個不貴、乾淨的住宿小旅館，真的多半都很小，提供的早餐也很有趣。

但該有的都會有，包括法國麵包及可頌、布里歐之類的奶油麵包，還有優格、水煮蛋、果汁跟咖啡、茶，都是基本配備。房間可能隔音不好，也許要搭舊式的鐵框電梯，甚至有的要爬很多樓梯之類。

但這些過程不都是旅遊的樂趣嗎？對預算比較無上限的人來說，巴黎市區的高級五星級美麗飯店可說應有盡有，而且那種奢華頂級的服務，可說是你去一次就忘不了，一輩子心心念念。還有很多是打開窗戶就可以面對鐵塔吃法式早餐的飯店，你現在網上都可以搜尋得到，而且有英語介面可以提供資訊。飯店的英語也是必備的服務。

所以，我都覺得，在巴黎只要敢花錢，沒有得不到的享受。

住在巴黎的五星級飯店裡，你多的是購物資訊。比如，你入住麗池飯店，你可以在他們的花園下午茶裡，看到最近巴黎最流行的珠寶款式，還有各大精品流行的衣服樣式。當然，走出麗池飯店，香奈兒就在附近，聖奧諾黑街Rue Faubourg St. Honoré街上的精品店林立，愛馬仕Hermès也在附近。你可以從這頭慢慢逛到法國總統府愛麗榭宮那邊。沿途的櫥窗絕對精采，而且服務人員都很親切。

特別是當你買到大包小包時，我會建議，住附近的飯店，就可以把戰利品帶回旅館放。你想，如果你大買特買的時候，一想到還要搭地鐵轉車或回到郊區的旅館，那真的會大大減低了你的購買欲。

所以，我有一年帶家人去旅行，就幫他們訂了拉丁區的旅館，當我們在聖日耳曼德佩大道的精品店大買特買時，根本就不用擔心，三兩下就搬回旅館放，然後優優哉哉的去吃晚餐。

既然來到巴黎旅遊，就真的要選擇每天都美美出擊！在巴黎，什麼都不缺，就缺錢，只要有錢，就請帶好你的空箱到巴黎。

要各種美妝保養品，巴黎都有！要哪種風格的華服，巴黎也都有！適合拍出各種美照的風景，巴

黎更是絕佳背景一堆。所以，千萬不要因為省一時沒想清楚的住宿費，而讓自己在來往車程的奔波中，黯淡了美麗的容顏。

住在巴黎市中心，每天可以睡飽飽，盛裝出擊！而且可以好好了解，每天認識這從市中心發展起來的世界浪漫之都，你最後算算，一定會比你住在郊區每天通車來得划算。

所以，我特別在書中，告訴大家巴黎的發展史，從巴黎聖母院Notre-Dame de Paris所在的西堤島開始。然後，沿著瑪黑區、拉丁區，在中世紀就有的聖日耳曼德佩區（也是除了賽納河右岸的中央市場外，17世紀最有名的塞納河左岸市集）。

到羅浮宮、協和廣場、香榭大道、艾菲爾鐵塔等，必訪的盧森堡公園、杜勒麗花園，雖說巴黎東邊的凡仙森林Bois des Vincennes及西邊的布隆森林Bois de Boulogne都比前面的花園大，但我覺得那兩座森林公園的規畫真的不美。

郊區最美的，我個人覺得比較值得前往參觀的，就是西南邊的凡爾賽宮、北邊的香提利城堡Château de Chantilly、東南邊的楓丹白露宮跟森林，還有南邊的國璽公園Château de Sceaux。當然，這些地方也有比較適合前往的季節。

比如國璽公園的四月櫻花滿開不容錯過，香提利城堡的秋色連天也是一輩子都會記在心裡的美景。還有凡爾賽宮跟楓丹白露宮，建議一定要在風和日麗的天氣前往，才可以被它的金碧輝煌給震懾住！

巴黎啊，你為什麼叫巴黎？

Paris, je te parie

法國食尚作家里維帶你漫步巴黎，
從塞納河、香榭大道、羅浮宮，到西堤島、蒙馬特、拱廊街、杜勒麗花園，
以法式幽默訴說40個你所知道與不知道的巴黎

作　　　者／里維
美術編輯／賴賴
企畫選書人／賈俊國

總　編　輯／賈俊國
副總編輯／蘇士尹
編　　　輯／黃欣
行銷企畫／張莉滎、蕭羽猜、溫于閎

發　行　人／何飛鵬
法律顧問／元禾法律事務所王子文律師
出　　　版／布克文化出版事業部
　　　　　　115 台北市南港區昆陽街16 號4 樓
　　　　　　電話：(02)2500-7008 傳真：(02)2500-7579
　　　　　　Email：sbooker.service@cite.com.tw
發　　　行／英屬蓋曼群島商家庭傳媒股份有限公司城邦分公司
　　　　　　115 台北市南港區昆陽街16 號8 樓
　　　　　　書虫客服服務專線：(02)2500-7718；2500-7719
　　　　　　24 小時傳真專線：(02)2500-1990；2500-1991
　　　　　　劃撥帳號：19863813；戶名：書虫股份有限公司
　　　　　　讀者服務信箱：service@readingclub.com.tw
香港發行所／城邦（香港）出版集團有限公司
　　　　　　香港九龍土瓜灣土瓜灣道86 號順聯工業大廈6 樓A 室
　　　　　　電話：+852-2508-6231 傳真：+852-2578-9337
　　　　　　Email：hkcite@biznetvigator.com
馬新發行所／城邦（馬新）出版集團 Cité (M) Sdn. Bhd.
　　　　　　41, Jalan Radin Anum, Bandar Baru Sri Petaling,
　　　　　　57000 Kuala Lumpur, Malaysia
　　　　　　電話：+603- 9056-3833 傳真：+603- 9057-6622
　　　　　　Email：services@cite.my
印　　　刷／韋懋實業有限公司
初　　　版／2024 年07 月
定　　　價／380 元
Ｉ Ｓ Ｂ Ｎ／978-626-7431-86-3（平裝）
Ｅ Ｉ Ｓ Ｂ Ｎ／978-626-7431-85-6（EPUB）

城邦讀書花園　布克文化
www.cite.com.tw　www.sbooker.com.tw